Snow Man

俺たちの世界へ！

Snowholic

池松紳一郎

太陽出版

プロローグ

5月26日の京セラドーム公演からスタートした、Snow Manの4大ドームツアー『Snow Man 1st DOME tour 2023 i DO ME』。

「ジャニーズ事務所の先輩たちで完全なる5大ドームツアーを行えたのは、SMAP、KinKi Kids、嵐、関ジャニ∞の4組しかいません。今回のSnow Manのように鬼門はどんなアーティストでも集客が落ちる札幌ドームですが、5組目の快挙に一番近かったKis-My-Ft2も、リーダーの北山宏光くんが8月末にジャニーズ事務所を退所するので、グループとしては現状以上の集客は難しい。CD売上げや今回の4都市(ドーム)・10公演の集客力を見ても、5組目の快挙を達成するのはSnow Man以外に考えられない」(テレビ朝日スタッフ)

そのSnow Manは5/26から28日にかけて京セラドーム大阪で3公演、6/10から12日にかけて東京ドームで3公演。6/17から18日にかけて福岡PayPayドームで2公演、7/1と2日はバンテリンドーム ナゴヤで2公演と、4大ドームで計10公演のツアーを敢行した。

そんなＳｎｏｗ Ｍａｎのドームツアーのうち、東京ドームの初日、6月10日に会場を訪れたのが松本潤だった。

この松本が訪れたことで、ギョーカイでは「遅くとも来年には5大ドームツアーを行うのでは?」と言われている。

「なにせ嵐は無観客の生配信ライブ『Ｔｈｉｓ ｉｓ 嵐 ＬＩＶＥ ２０２０.１２.３１』を含め、東京ドームで通算58回のコンサートを行っている。その嵐のコンサート構成と演出を担当し、誰よりも東京ドームを知る松潤がわざわざ足を運んだのには明確な理由があるはず」（同テレビ朝日スタッフ）

もともと松潤はＳｎｏｗ Ｍａｎのことを高く評価していると聞く。

かつて『櫻井・有吉ＴＨＥ夜会』（ＴＢＳ系）の公式ＹｏｕＴｕｂｅチャンネルで公開された動画の中で——

『Ｓｎｏｗ Ｍａｎ凄い!』

『嫉妬するほど踊りが凄い!』

——と大絶賛していたほど。

翌6／11のライブMCでは深澤辰哉が――

『松本さんにライブ終わりに会うことができなかったので、「お話ししたかったです」――と連絡した』

――と明かし、すぐに松本から、

『今からウチ来る？』

――の返信があり、深夜に岩本照と阿部亮平を連れて訪ねたことを他のメンバーにドヤっていたそう。

「以前、松潤はバラエティで深澤くんと共演した際、かなり真剣な表情で『Ｓｎｏｗ Ｍａｎに昔からいる連中が全体を支えている』――と語っていたことがありました。しばらく前から菊池風磨くんや藤井流星くんを自宅に集め、松潤のコンサート演出についての考え方や手法を伝授する集まりを開いていたそうですが、今回深澤くんたちを招いたのもその一環かもしれませんね。そうなると松潤自身が『次に嵐の意志を引き継いで5大ドームツアーに出るのはＳｎｏｗ Ｍａｎ！』――と、後押しするつもりもあるのでは」（同前）

松潤といえば観客の頭上を踊りながら移動する〝ムービングステージ〟や、逆さ吊りで空中を歩く〝MJウォーク〟などを考案し、好評を博してきた演出家。

「2021年の末に東京ドームで開催された『Johnny's Festival～Thank you 2021 Hello 2022～』でも総合演出を担当しましたが、そのジャニフェスでSnow Manのステージを演出するために勉強して感じたこと、今回のライブで気になったことをアドバイスしたそうです。さらには演出装置や特殊効果の使い方、〝どこの席であろうが関係なく、ライブに訪れた人全員に楽しんでもらう〟信条も伝えられたと聞いています」(同前)

深澤や岩本、阿部はさっそく翌日のライブから演出に工夫を凝らすようになったそうだ。

「東京ドーム2階席(実質4階席、5階席)のファンが見やすいように、リフターと呼ばれる昇降機の利用方法が変更された。またステージを映えさせるようにスモークの量を調整し、Snow Manの代名詞でもあるダンスがより見えやすくなっていました。松潤はかねてから『嵐を超えるグループたちを演出したい』――と口にしていて、その可能性をSnow Manに感じたのかもしれませんね」(同前)

だとしたらSnow Man、今後のジャニーズで〝最強〟に君臨できるのでは――。

目次

2 Prologue

プロローグ

11 1st Chapter

岩本照 ―― Hikaru Iwamoto

〝東京ドームは格別〟――岩本照が明かした本音 …… 12

〝9人ダンス〟に懸けるSnow Manの本気 …… 18

「いわめめ」ペアに大注目! …… 25

岩本照 フレーズ …… 30

33 2nd Chapter

深澤辰哉 ―― Tatsuya Fukazawa

Snow Manが受け継ぐ〝ジャニーズエンターテインメントの真髄〟 …… 34

〝ふっかこと深澤〟レジェンド入りの野望 …… 40
俺たち〝ドラマに出ない〟ドラマ班 …… 46
深澤辰哉 フレーズ …… 52

55 3rd Chapter
ラウール —— Raul
ラウールが明かしたメンバーの〝舞台裏事情〟 …… 56
ラウールにとって〝特別な先輩〟 …… 61
夢を叶えた〝10代のうちに1人海外〟 …… 67
ラウール フレーズ …… 72

75 4th Chapter
渡辺翔太 —— Shota Watanabe
『ドリボ』主演でSnow Manの〝美容班とミュージカル班〟兼任へ …… 76
菊池風磨と田中樹からもらったアドバイス …… 82

自称〝ドラマ班じゃない〟渡辺翔太のドラマ出演への意気込み …… 87
渡辺翔太 フレーズ …… 91

95
5th Chapter
向井康二 —— Koji Mukai
向井康二が叶えた〝20代の夢〟 …… 96
これが藤井流星との〝同期の絆〟 …… 101
〝アテンダー向井康二〟の栄光の架橋〝向井ブリッジ〟 …… 105
向井康二 フレーズ …… 110

113
6th Chapter
阿部亮平 —— Ryohei Abe
〝マンスリースペシャルキャスター〟に就任 …… 114
阿部亮平が切り開く〝講演会アイドル〟の可能性 …… 118
〝匂わせ〟騒動に対する阿部亮平の真実の想い …… 123
阿部亮平 フレーズ …… 128

131
7th Chapter
目黒蓮 —— Ren Meguro
ハルが手なずけた（?）ガクとの関係 …… 132
目黒蓮が密かに秘める〝人生の最終目標〟 …… 136
目黒蓮が貫く〝仕事への姿勢〟 …… 141
目黒蓮 フレーズ …… 146

149
8th Chapter
宮舘涼太 —— Ryota Miyadate
〝だてめめ〟ペアでわかった「舘様は単なるめめファン?」 …… 150
理不尽な先輩への〝舘様のガチ切れ〟 …… 155
MC川島も止められない暴走（?）『舘様クッキング』 …… 160
宮舘涼太 フレーズ …… 164

167 9th Chapter
佐久間大介 —— Daisuke Sakuma
〝世界一静かな佐久間大介〟の意外な一面 …… 168
将来の夢は〝保護猫カフェ〟 …… 174
メンバーの固い絆を感じた佐久間大介のアピール …… 179
佐久間大介 フレーズ …… 183

186 Epilogue
エピローグ

1st Chapter

岩本照

Hikaru Iwamoto

Snowholic

〝東京ドームは格別〟──岩本照が明かした本音

『4大ドームにはどれもJr.時代の思い出があるけど、
東京ドームはその中でも別格だからね』〈岩本照〉

Snow Man初の4大ドームツアー、そして初の単独東京ドームコンサートを前に、胸の内の本音を吐露した岩本照。

『それスノ』制作スタッフ氏が岩本に「2019年8月、SixTONESとの同時デビューが発表された『ジャニーズJr.8・8祭り ～東京ドームから始まる～』が別格なんじゃないの?」と聞いたところ、岩本から返ってきたのは──

『〝カウコン〟でしょ!

ずいぶんと出させてもらったし、

コロナ禍のときは渋谷のPARCOで事前収録した年もあったけど、

(『日本中に元気を‼ジャニーズカウントダウン2020→2021』)

基本ジャニーズの1年はカウコンで閉まってカウコンで明ける。

もちろん時間的に出られるメンバー、出られないメンバーもいるけど、

Jr.の頃、あのコンサートだけが、

〝キラキラと光っている先輩たちのほとんどを間近に見ることができた〟

――という意味でも一番だよ』

――だそうだ。

3rdアルバム『i DO ME』を引っ提げての初ドームツアーを成功させたSnow Manだが、

中でも6月10日からの東京ドーム3Daysには格別の想いを感じていたそうだ。

「その想いはアルバムタイトルにも込められていて、今さらですけどアルバムタイトル『i DO ME』のDOとMEを繋げたらDOME（ドーム）になる。メンバーはレコーディングのときから『**このアルバムを引っ提げてドームに行くぞ！**』――と思っていたのです。これまでにリリースしたアルバム、3作ともにミリオンセールスを記録したSnow Manですが、本作のみが発売初週でミリオンセールスを達成した。それはタイトルに込められた数々の想いを『**ファンの皆さんがちゃんと受け取ってくれたからこそのミリオン**』――と、岩本くんは話していました」（同『それスノ』制作スタッフ）

万感の思いを込めた東京ドームのステージは、デビュー曲『D.D.』からスタート。

9人は20メートルの高さのゴンドラに乗って登場すると、『Grandeur』『ブラザービート』など、キレのあるダンスパフォーマンスで会場のボルテージを一気に高めていく。

9色に光るマネキンを使った演出の『クラクラ』など、岩本が振りをつけた全10曲も披露。

メンバーのキメゼリフが楽しみな『君の彼氏になりたい。』では、目黒蓮が緊張して――

『僕の〝彼氏〟になってください』

――と言い間違い、テレ笑いを浮かべるシーンも。

そんなメンバーはそれぞれ、東京ドームコンサート初日で感無量に語っている。

『ここ（東京ドーム）でデビュー発表をさせていただいて、
こんなにも自分たちのファンで埋め尽くすことができる日が来たかと思うとありがたいなって』〈岩本照〉

『皆さんの推しが、東京ドームでライブしてます。
皆さんのことが大好きでたまらなくて、今日まで準備を進めてきました』〈阿部亮平〉

『東京ドームという思い出の地に9人で立って、皆さんと楽しめたことが嬉しいです』〈深澤辰哉〉

『ここには幸せな空間が広がっていました。
また愛し合いましょう!!』〈宮舘涼太〉

『僕たちのパフォーマンス、よかったですか?』〈目黒蓮〉

『皆さんに幸せを届けられるように頑張ります』〈ラウール〉

『みんな笑顔で楽しそうで。逆に幸せをもらいました』〈渡辺翔太〉

『〝キャーッ！〟って言って!!

これからもよろしくお願いします』〈向井康二〉

『みんなの声が聞きたくて僕らはステージに立っているし、みんながいないと立てません。

また遊ぼうね』〈佐久間大介〉

『率直に「こんなに楽しいんだ！」って最初に大阪（ドーム）から味わわせていただきました。

メンバーから出てくるエネルギーも本当にステキ。

先輩のバックとは違って、応援してくださる皆さんと直接会えるありがたみを感じつつ、
これが「当たり前じゃない」とも感じながら、瞬間瞬間を大事にした。

みんなフルパワーで暴れ回ったけど、ケガなくみんなで完走できたからホッとした』〈岩本照〉

すでに現実的な目標として——

『5大ドームツアー』

——を掲げる岩本照。

その日は限りなく近い。

〝9人ダンス〟に懸けるSnow Manの本気

「最初は深夜帯、それもレギュラーではなく単なる特番扱いで、しかも1回放送されただけで2回目以降はParaviでの配信番組に移行して驚かされました。正直、ジャニーズのアイドルを起用した番組では、あまり聞いたことがないパターンでしたからね」（人気放送作家）

そのParaviでは毎週金曜日の深夜に新作が配信され、地上波としても2回目の特番がParaviでの配信期間中に並行してオンエアされたが、Paraviでの配信スケジュール全47回の配信が実施された後、再び番組は地上波へと戻っていく。

そして2021年4月クールから2023年3月クールまでの丸2年間、毎週日曜日の13時から13時30分までのレギュラー放送とゴールデン帯での特番が1回放送されたが、この4月から毎週金曜日の20時台へと一気にゴールデン帯に昇格。合わせてTBS系の全国ネットへと、これまた最近では珍しい出世パターンを見せてくれたのが、『それスノ』こと『それSnow Manにやらせて下さい』。

『なんだかんだいって3年半前のことなんで忘れてしまいそうになりますが、
スタートは配信番組でしたからね。
今思えば配信とはいえ1年間、50回近く番組を経験することができたから、
地上波に戻っても慌てず騒がず（番組制作が）できたんだと思います。
当時は新人ジャニーズだった俺らを起用していただいて、
Paraviさんには感謝しかありません』〈岩本照〉

Snow Manの初冠バラエティ『それSnow Manにやらせて下さい』（TBS系）。
ファンの皆さんにとっては丸3年間、配信47回、特番3回、地上波レギュラー81回と、合計131回の放送を経てのゴールデン帯昇格だけに、喜びもひとしおだろう。

「Ｓｎｏｗ Ｍａｎのファン自身は日曜日の昼だろうと金曜日の夜だろうと番組を楽しみにしてくれるでしょうが、一般視聴者への広がりは雲泥の差。特に日曜日昼のレギュラー放送時は同時ネット(キー局と同じ時間帯に同じ内容の番組を放送)は全国で10局しかなかったが、今は全28局同時ネットになったので、全国津々浦々のファンが同じ時間に楽しみを共有できる。これはファン心理には好影響を与えてくれるし、番組がＳｎｏｗ Ｍａｎの新規ファン獲得の入口になってくれる」(同人気放送作家)

『よくいろんなお仕事先で、
「ゴールデンになったらますます人気爆発だね」って言ってくださる方も多いんですけど、
僕らは綺麗事じゃなく、
金曜日の同じ時間に日本中のファンの皆さんと時間を共有できる、
同じ内容の番組を見ながら笑ったり泣いたりできるのが嬉しい。
タイムラグというか、放送時間や放送回が結構遅れたりすると、
そこの一体感が薄れるじゃないですか』

――Ｓｎｏｗ Ｍａｎ全員の気持ちを代弁して語る岩本照。

そんな『それスノ』がゴールデンに昇格した初回は、それまでで唯一ゴールデン帯でSP番組（特番3回目）として放送された『9人ダンス日本一決定戦』の2時間SPだった。

前回のSPは2022年の9月にオンエアされ、Snow Manチームがダンサーで振付師のTAKAHIRO率いるダンス最強芸能人チーム、高校日本一の山村国際高校ダンス部チームの2組と対決し、見事に優勝を果たした。今回は4チームでの戦いとなり、まず2022年日本高校ダンス部選手権で優勝した大阪府立久米田高校ダンス部、前回同様TAKAHIRO率いる最強芸能人チーム。そして世界最高峰のダンスコンテスト『World of Dance Championship 2022』ジュニア部門で優勝した最強キッズチーム・Kirameki☆glitter（キラメキグリッター）で争った。

ルールは、各チーム9名が4曲の課題曲で対決。

1曲目はマイケル・ジャクソン『スリラー』、2曲目がビヨンセ『ラン・ザ・ワールド』、3曲目は自由曲、4曲目はイディナ・メンゼル『レット・イット・ゴー』となった。

『振付は俺が、衣裳はラウールが担当したんだけど、
メンバー全員が集まれたのは本番10日前で、
しかも9人全員が揃うのは3日間しかなかったんですよね。
当然、全員が揃ったときはスパルタになるし、
みんな1ミリも余裕がないからピリピリしっぱなし。
あんなに余裕がないSnow Man、久々に見たよ(笑)』

――舞台裏を明かす岩本照。

Snow Manは3曲目の自由曲に阿部亮平が提案したSMAP『オリジナルスマイル』を選択。本番2日前に全曲の振付を変更するトラブルもあったが、1曲目の『スリラー』から表現力豊かなコミックダンスを披露すると、4曲目まで見事にやり遂げる。

4曲目の『レット・イット・ゴー』のサビで黒衣装から白衣装に一瞬で着替える〝早着替え〟を見せたり、パフォーマンスとしても視聴者を十分に楽しませてくれるものだった。

岩本照は——

『今回は見ている人を楽しませるだけじゃなく、
このメンバーみんなが本気になれるものを創りたかった。
みんなの表情を見る限り、
「全力を出せたんじゃないかな」って思うのと、
「この9人でよかったな」と改めて思いました』

——とコメント。

合計400点満点の審査で、結果は久米田高校ダンス部と最強芸能人チームが370点で並び、Kirameki☆glitterが378点、Snow Manが379点と、わずか1点差でSnow Manが2連覇を果たした。

この結果にSNSでは様々な意見が飛び交ったようだが、本番直前に9人が円陣を組み、岩本が——

『俺ら9人が揃うまで、いろんな奇跡もあった。
勝とうと思わなくていい。
全部出せばいい。
とにかくみんなが「この瞬間最高!」
——って思うことが大事』

——とメンバーに語りかけたシーンが最高だった。

番組スタッフ側はリベンジシリーズも含め、この〝9人ダンス〟を目玉の一つとして考えているようで、今後の展開がさらに楽しみだ。

「いわめめ」ペアに大注目!

『俺とめめの組み合わせも少ないんだよね。
この前が1年ぶりぐらいだもん』〈岩本照〉

他のエピソードでご紹介している宮舘涼太と目黒蓮ペアほどではないが、『滝沢歌舞伎ZERO FINAL』が千秋楽を迎えた後のラジオ収録で、およそ1年ぶりに『不二家 presents Snow Manの素のまんま』(文化放送)でパーソナリティペアを組んだ岩本照と目黒蓮。

『わかっているとは思うけど、ここでハッキリさせておきたい。
このペアって、俺たちが好きに決められるわけじゃないからね。
マネージャーさんが文化放送さんと相談して収録スケジュールを組んで、
そこにスケジュールの合うメンバーが派遣される。
言ってみれば俺たちは立場的には〝派遣社員さん〟で、
誰と一緒かギリギリまで決まらないときがあっても、指示された現場に行くだけなのよ』

――と内情を明かす岩本照。

ファンの皆さんから「(本当はどんな関係なんだろう?)」と注目されるペアの1組、それが岩本照と目黒蓮だ。

Snow Manの象徴であり、マッチョでストイックな岩本照。
一方、甘いマスクと演技力で視聴者の人気を集める目黒蓮。
そんな2人の関係性は、熱心なSnow Manファンならずとも気になるところだろう。

Snow Manがデビューをして、9人のメンバーがランダムにペアリングされる仕事が増えたとき、
岩本はリーダーとして――

『できる限りメンバー同士がプライベートでつるむのはやめにしよう。
つるまなくても同じ方向に進んでいたらわかり合えるし、
そのうち絶対、メンバーによって微妙な〝距離感の違い〟が仕事に現われるから』

——と、自分以外の8人と話し合ったと明かす。

『そんなこともあったね。
特にメンバーが6人から9人になって、
ファンの皆さんもメンバー同士の関係性に興味津々だろうから、
外に向けては明らかな距離感の違いを感じさせたくなかったんです。
まあみんなプロだし、そこまで口を出すことじゃないとも思ったんですけど、
内に向けては康二、めめ、ラウールにも意識させたくなかったんですよね』

——それが岩本が感じていたリーダーとしての意識。

『今年の『滝沢歌舞伎ZERO FINAL』は初めて生中継のライブビューイングがあって、全国の映画館でもたくさんのお客様がご覧になっている。

俺は途中『変面』って演目があって、ちょっとヒヤヒヤしながらやってたんだけど、それもライブビューイングのおかげでいい緊張感で演じることができたことを話したら、めめが真剣な表情で真っ直ぐに俺の目を見つめながら頷いているわけ。

その姿がやけに可愛くて、

「コイツも同じ緊張感を感じていたのか〜」って、なぜか嬉しくなってきた。

アイツも甘いルックスに似合わずストイックだしね。

個人的には『FINAL』の舞台はすごく感傷的になるんじゃないかなって心配してたけど、とにかく最後まで楽しかったし、もちろん感慨深くもあって、
ひとつひとつに俺たちの歴史が刻まれた演目が終わるんだもん……。

新橋演舞場っていう文化と歴史が詰まった劇場の柱や壁の傷、ひとつひとつも覚えておきたくて。

言うまでもなくタッキーにも感謝しながら千秋楽までやってましたよ』

しみじみと語る岩本の言葉を、絶対に〝一言一句聞き逃してなるものか!〟とばかりに、前のめりに収録していたのが目黒蓮。

「この2人のペアは(回数こそ)少ないけど、独特の心地よさがある」(番組スタッフ)

――と評判も高いようだ。

この「いわめめ」ペア、これからの進化に大注目だ!

岩本照フレーズ

『俺にはリーダーとしての資質がどれだけあるかわからない。
でも一つだけ言えるのはメンバーが9人に増えたとき、
不安を口にするメンバーのほうが多かったけど、
俺は「人数増えたほうが苦労とかわかち合えるからよくね?」――って、
みんなを安心させられた自負はある』

メンバーが増えれば、それだけ〝喜びも悲しみもわかち合える〟。その発想はなかなか浮かばない。逆にいえばそんな発想が描けたからこそ、岩本照はリーダーに相応しかったのだ。

『自分が悪いと思ったら素直に謝るのが一番!
俺の場合、他人に謝るイメージがないらしくて、それ自体は悲しいけど、
そのギャップでたまに得をする(笑)』

『SASUKE』出演をはじめ、ストイックに己の肉体に磨きをかける岩本照。肉体がマッチョだと性格もマッチョに見せてしまうのか、(あくまでも)一般的にはあまり頭を下げているイメージは想像しにくいタイプ。しかし本来は、自分の否を素直に認める愚直な人柄。

『こうやってたくさんのお仕事をいただいている俺を、
10年前の自分に教えたい。
そしていろいろと、ちゃんと準備をするように戒めたい』

いつでもCDデビューができるように精神的な準備を続けることは難しい。今振り返れば、岩本照の中には「もっと、こんな準備をしておけばよかった」ことがあったのだろう。

2nd Chapter

深澤辰哉

Tatsuya Fukazawa

Snowholic

Snow Manが受け継ぐ〝ジャニーズエンターテインメントの真髄〟

さて本書オープニングのプロローグでも触れているが、今回のSnow Man初の4大ドームツアーの最中（東京ドーム初日の深夜）、松本潤の自宅を訪ねた深澤辰哉は、なぜ岩本照と阿部亮平を伴って松本潤の自宅を訪ねたのか？

それは今回のドームツアーの構成、演出を深澤辰哉と阿部亮平の2人が務め、岩本照はリーダーとしてメンバーそれぞれの意見やリクエストを2人に伝えるパイプ役を担っていたからだ。

「深澤くんは松本くんから**『今からウチに来るか？』**と誘われた際、まず**『行きます！ 行きたいです！ 行かせてください！』**と興奮して返事をすると、続いて**『阿部と岩本にも声をかけていいですか？』**――と、松本くんにお願いしたそうです」（日本テレビ関係者／元チームMJメンバー）

本来、深澤の立場に立ってみると、あの松本潤に誘われたのは自分なのだから、ここで〝松本潤の自宅でSnow Man初の差し飲みをしたメンバー〟の称号をゲットしたほうが、翌日からメンバーや後輩たちからの羨望の眼差しを独占することができたはずだ。

しかし深澤はそんな名誉よりも――

『絶対に貴重な話が聞ける。

別に後で俺から照や阿部ちゃんに伝えてもいいんだけど、

俺からの又聞きと松本さんから直接聞けるのとでは、

アイツらの心の中での〝響き方〟が違うじゃない?

もし俺が照か阿部ちゃんの立場だったら、絶対に行きたいもん。

……というか、誘ってくれなかったら一生恨む(笑)』

――と、あえて構成や演出に関わる2人を誘ったのだ。

『帰りのタクシーの中で、2人からはめっちゃ感謝された。

でも照はボソッと……

「俺だったら一人で行って、松本さんとの仲を深める。次に会う約束もする」――って言って、

それを聞いたときはちょっとだけ〝やっぱそっちか~〟って後悔した(苦笑)』

一方、櫻井翔とはプライベートでの交流がある阿部亮平だが、そんな阿部でも松本潤は特別らしく、素直に――

『嵐が活動休止してから、
逆にメンバーの皆さんが遠い存在になっていたから嬉しかった。
Snow Manは〝ジャにのちゃんねる〟には呼ばれないし、
松本さんはKing & Princeと仲良いと思ってたし。
本当に貴重な時間をくれたふっかには感謝しかない』

――と、松本潤との交流を深く感謝している様子だったと聞いている。

『ちょっと3人だけは他のメンバーに申し訳なかったけど、
先輩のお宅にメンバー9人で押しかけるわけにはいかないし、
俺が松本さんと仲良くなれば、他のメンバーを飲みの席に連れていくこともできるしね。
とにかく今日はすべてのきっかけの第一歩』〈深澤辰哉〉

さて、肝心の〝松本潤の自宅でどう過ごしていたのか〟についてだが、こんな様子だったという。

まずは松本が演出した嵐のライブ映像を見ながら、細かい演出の意図を解説してもらったという。

次に嵐の後輩（Snow Manにとっては先輩ばかり）のドームコンサートの映像を、同じく解説（松潤流の解釈）付きで。

そして深澤辰哉自らが持参した数時間前に行われた自分たちの東京ドームコンサートの記録映像を見ながら、プロローグでもお話ししている演出の改善点を指摘してもらったそうだ。

『お話の中で一番印象に残っているのは、
全後輩のコンサートを必ず（ツアー中に）一回は見にいく松本さんから見て、
「一番優秀なのは関ジャニ∞のマル（丸山隆平）。
アイツ、俺やニノと同い年なのに、
いまだに端から端まで全力でファンサ（ファンサービス）しに走り回るからね。
あの姿勢は（ジャニーズ）全員が見習わないといけない。
俺たちが今も嵐をやっていたら、
マルのファンサには負けたくなかったと思う」
――そうなんですよ。
そこで丸山くんの名前が出てきたのがやたらとリアルで、
だから俺たちも松本さんのアドバイスを即実行に移したんです』

――そう明かした深澤辰哉。

何よりもライブにおけるファンサービスを大切にしていた松本潤の姿勢は、こうして深澤辰哉とSnow Manのメンバーに、さらにその先の後輩へと引き継がれていくことだろう。

『それが本当に大切!
ジャニーズのエンターテインメントの真髄を枯らさないように。
発展させながらも芯にある〝大切な想い〟は受け継いでいかなきゃいけない』

決意を語った深澤辰哉。
今の深澤が構成と演出を担当するSnow Manならば、絶対に心配はいらない!
自信を持って前に進んで欲しい!!

〝ふっかこと深澤〟レジェンド入りの野望

『去年、32才になる直前の2022年4月クールから、
『ノンストップ！』の木曜隔週レギュラーに選んでもらえて、
その隔週っていうのが平成ノブシコブシの吉村崇さんとテレコ（入れ替わり）。
同じ〝平成〟ってつくならHey! Say! JUMPの山田涼介が、
俺と阿部ちゃんとオーディションから同期だから、
前に（バナナマンの）設楽さんに、
「何で俺のテレコ相手がお笑い芸人の吉村さんなんですか？
同じ平成ならHey! Say! JUMPの山田涼介でいいじゃないですか？ 完全同期なのに」
――って言ったら、設楽さんは「あの山田くんと同期なの!?」って驚いて、
「吉村はピースの綾部と同期だってよ」――と返すだけで、
まともに話を聞いてくれないんです（笑）』

『ノンストップ!』舞台ウラでのMC設楽統とのエピソードを教えてくれた深澤辰哉。

『でもよくよく考えたら吉村さんは売れっ子芸人さんだし、
4,300万円もする超高級外車(マクラーレン)に乗ってるし、
芸能人としては山ちゃんとトントンぐらいは成功されてますよね?
だから俺も、吉村さんみたいに4,300万円の車をポンと買えるようにはなりたい(笑)』

ジャニーズの先輩たちでも、現役(ジャニーズ所属)時代に乗っていた車の最高額は、近藤真彦さんや(現役の)堂本光一くんが乗っていた3,000万円クラスのフェラーリなのに、吉村さんはさらに1,000万円も上。

まあCMの関係であまり公にできない木村拓哉さんの愛車は、1億円クラスといわれているけどね。

『何で俺が設楽さんに〝山ちゃん〟の名前を出したかというと、今の山ちゃんは〝ジャにのちゃんねる〟以外にもゲーム実況の〝LEOの遊び場〟や、Twitterでも〝LEOの遊び場〟ってアカウントをもっていて、ネトゲ（ネットゲーム）界ではレジェンドになってるんですよ。

アイドルの才能の部分では俺も阿部ちゃんも山ちゃんには敵わないけど、「ネトゲ界では努力次第でまだなんとかなりそうかな」……みたいな希望を持ってて。

だからこれから俺と阿部ちゃんがネトゲ界に旋風を巻き起こしますよ』

――と、今後の野望（？）を明かした深澤辰哉。

ちなみに山田涼介のゲーム実況チャンネルの登録者数は、この6月末で優に90万人を超えている。

山田本人ではなくスタッフ管理（発信）のTwitterアカウントも、フォロワーが43万人を超えているのだから、普通に考えてもそう簡単に〝なんとかなる〟数字ではないのでは。

『でも〝ジャにのちゃんねる〟は登録者数400万人目前なんでしょ？

それに比べたらなんとかなんない？』

かなり水増し込みの〝希望的観測〟のような気もするけど……。

『これは最近に限った話じゃないんだけど、
実はいつも部屋でネトゲを開いたら、たいてい阿部ちゃんが先にログインしてるんだよね。
まあ、個人仕事以外はスケジュール同じだから自然とそうなるんだろうけど。
つまり俺たちテレ東『Ya-Ya-yah』オーディション組って、
3人ともネトゲ中毒なんだよ(笑)。
それなのにレジェンド化してるのは山ちゃんだけ。
俺らにもチャンスは与えられるべきでしょ!』

そこは力を込めて訴える深澤辰哉だけど、でも山田涼介は今でこそ「LEO=山田涼介」だけど、
「LEO=一般人のアカウント」と思われていた頃から「LEOってヤツ、かなり上手い」と評価されていたからね。

『俺たちには〝LEO〟とか外国人みたいな名前は似合わないから、
阿部ちゃんは「クイズ王阿部」
俺は「ふっかこと深澤」
――って名前でやろうかな』

バレる気満々、いや〝バレたい〟としか思えないけど（笑）。

『そうしたら阿部ちゃんは俺んちに来て、
自慢の大画面プロジェクターで一緒に盛り上がりたい！
なんなら俺のゲーム部屋に同居して、
仕事以外はずっとゲームやってやろうかな。
それぐらいやればレジェンドになれない？』

そんな深澤辰哉のセリフに、阿部亮平は——

『ふっかと同居?
それは無理。家賃めっちゃ取りそうだし。
俺は一人静かにクイズの勉強もしたいから。
……というかSnow Manの誰よりも、
「ジャにのちゃんねるに入りたい!」——って言ってるんだから、
山ちゃんに弟子入りしてジャにのちゃんねる入りを目指せばいいじゃん』

——と、半ば呆れ顔で突き放すけど。
さて「ふっかこと深澤」と「クイズ王阿部」のレジェンド入りは叶うのか?
そして深澤辰哉の〝ジャにのちゃんねる入り〟は果たして??

俺たち〝ドラマに出ない〟ドラマ班

最近、Snow Manファンをやきもきさせているのが、メンバー間の〝不仲問題〟だ。

「ことの始まりは佐久間くんで、もともと深澤くん、向井くんと3人でSnow Manの〝ドラマ班〟を自認していたのですが、主に目黒くんに『お前だけはドラマ班に入れない!』——と宣言し、それがメンバーのMCやトークから広まってしまったので、ドラマ班と目黒くんの不仲が噂されているのです」(人気放送作家)

しかし〝ドラマ班〟とは名乗るものの、佐久間大介のドラマ出演はSnow Manが結成された2012年の10月クール『Piece』(日本テレビ系)しかなく、さらにここ数年、佐久間はテレビアニメ『ブラッククローバー』『カードファイト!! ヴァンガード will+Dress』(ともにテレビ東京系)での声優オファーや、CGアニメ映画『白蛇：縁起』での日本語吹替オファーなど、声の芝居ばかり積極的に受けているではないか。

「深澤くんもデビュー前年にWOWOWの連続ドラマW『悪の波動 殺人分析班スピンオフ』で注目されたものの、デビューしてからは『記憶捜査～新宿東署事件ファイル～』（テレビ東京系）のゲスト出演のみ。向井くんも井ノ原快彦くん主演の『特捜9』（テレビ朝日）season5、season6に出演してはいますが、3人とも他の先輩グループ内のドラマ班に比べると、〝ドラマ班〟を名乗るにしては圧倒的にドラマ出演が物足りないのです」（同人気放送作家）

実はこの〝ドラマ班〟は3人のネタ、特に深澤と佐久間のネタで――

『実際、誰が見ても〝バラエティ班〟なのに、
本人たちだけ〝ドラマ班〟を名乗るスカした笑いを目指してみた』〈深澤辰哉〉

――だけのようだ。

その証拠に渡辺翔太によると――

『〝ドラマ班〟とか言ってるクセに、

康二が井ノ原さんの『特捜9』に呼ばれたら、

ふっかとさっくん2人して康二に説教してんの(苦笑)。

「お前はSnow Manのドラマ班なのに、なにドラマ出てるんだよ」

「もうドラマ班卒業だ!」

――って。

康二は康二で、

「待って、違うんだよ! これには深いワケが……。

てか井ノ原さんの仕事、断れるワケないじゃん!」――みたいに食い下がって。

この意味不明なやり取り、本当に面白い?

……〝シュール〟とか言うヤツ?』

――なのだとか。

『何でドラマ班なのに芝居したら説教されなきゃいけないの?

本当はドラマに出たくてたまらないのに、

オファーがないから嫉妬してイジメてるのならわかるけど……。

あと不思議なのは今Snow Manのドラマ班といえば目黒蓮なのに、

めめが「僕もドラマ班に入れてください」って頼んでも、

ふっかとさっくんが――

「お前はドラマに出すぎ」

「そういうヤツにはドラマ班に入る資格がない」

――とか言って断ってたんだよね。

もう意味がわからないでしょ(苦笑)』

――そう言って笑う渡辺翔太。

そんな〝ドラマに出ないドラマ班〟だけど、佐久間大介は来年2024年公開の映画『マッチング』で、

単独では初の実写映画出演を果たす。

「佐久間くんは『ドラマじゃなくて映画だから問題ない』と話していますが、深澤くんには情報解禁前に『お前解禁されたら覚えておけよ』――と脅されたそうです。佐久間くんに言わせると『完全に嫉妬の鬼』――だと（笑）」（前出人気放送作家）

『ドラマ班は不思議？

そりゃあね、めめの入会を認めないどころか、陰で名乗ることも許してないからね。

世間の人やファンの皆さんにとっては、めめこそがＳｎｏｗ Ｍａｎのドラマ班だからね（苦笑）。

でも、これってまだ俺たちにそんな次から次に仕事が来る前で、
ネタでやってた話だから。

そりゃあ内心、堂々と〝真のドラマ班〟を名乗れるようになりたいよ。

お芝居の仕事も好きだもん。

それとドラマ班の3人は、めめのことも大好きだよ（笑）』

――そう言って釈明する深澤辰哉。

それはストレートに、不仲問題の否定と受け止めていいのかな？

「『ザ少年倶楽部』(NHK BSプレミアム)でMCを務めるA.B.C-Zの河合郁人くんによると
『ふっかが俺のMCをサポートしてくれるから本当に助かっている。アイツはいろんな人間が好きで興味津々だから、意外なJr.のこともよく知ってるんだよね』——だそうです。自分もなかなかスポットライトが当たらないJr.時代が長かったので、Jr.の気持ちを汲み取るようなトークを得意としてますよね」(同前)

番組に臨む前の下準備も欠かさない深澤辰哉。

河合郁人からの信頼も厚く、これからもバラエティ番組を中心に活躍してくれるだろう。

……それはそうと、いつまでも〝ネタ〟にこだわらずに、早く目黒蓮をドラマ班に加えてやってくださいな。

深澤辰哉フレーズ

『自分のジャニーズ生活を振り返るとさ、
良いことも悪いこともあったからやって来れたし、
面白かったと思うんだ。
どっちかだけなら何年も前に辞めてたよ』

夢にしがみつく執念よりも、人生は「波瀾万丈だからこそ面白い！」と思える人間のほうが、ジャニーズJr.という環境を楽しめる。後輩に贈る深澤辰哉の金言。

『〝自然体〟って流れに身を任せることなんだよ。
俺はすごい激流に身を任せたりできないから、
自然体になるにはまだまだ時間がかかる』

人間には意志やプライド、そして〝欲〟があるからこそ、なかなか自然体にはなれない。だけど「無理に〝自然体〟になる必要はあるのか？」と深澤辰哉は自分自身に問いかける。

『俺は一応グループ最年長だけど、
だからこそメンバーたちに自分の価値観を押しつけないようにしてる。
照にもそれはお願いしてる』

年長者が自分の価値観ややり方を押しつけると、年少者は「成長よりも萎縮するだけ。だから俺はそれぞれの価値観を尊重している」——深澤辰哉のポリシー。

3rd Chapter

ラウール

Raul

Snowholic

ラウールが明かしたメンバーの〝舞台裏事情〟

今年の7月1日、午後3時から8時間の生放送を行った、日本テレビ系『THE MUSIC DAY 2023 あなたを変えた音』。

今年は番組スタートから10周年（11回目）の記念番組ということもあり、これまでにない超豪華アーティストが揃い、会場の幕張メッセイベントホールはほぼ1週間前から様々な準備が進められていたという。

そんな中、なぜか現地の設営スタッフの間から、奇妙な噂が流れてきた。

それが――

「Snow Manのラウールは特別扱いで、彼だけ個室の楽屋を用意するように。もし用意できない場合、一番近くにあるニューオータニ幕張ホテルのスイートルームを楽屋がわりに使う」

――との指令が、日本テレビの上層部から飛んだというのだ。

「現場はパニックでしたよ。失礼ながらいくらSnow Manが売れていても、当日出演するジャニーズ組の中ではデビューからのキャリアが最も浅い。幕張イベントホールの場合、毎年男性アーティストと女性アーティストに分けた大部屋で、大ベテランでも個室は用意されません。しかも今年は記念放送で様々な企画、かつての大ブレイクアーティストが何組も出演するので、どう考えてもラウールくんに個室なんか振り分けられませんよ」（番組スタッフ）

結論からいうとこの噂、何箇所かを経由し、まったく違う内容で伝わっていたのだ。

確かに上層部からは楽屋について「大歌手や大ベテラン、有名女優やアーティストが多数出演するので、特に楽屋や控室の配置には気を遣うように。足りなかったら近隣の高級ホテルを使ってもいい」

——とのお達しは出ていたらしい。

その中に〝ヒロミ〟の名前も入っていて、「ヒロミとコラボをしたSnow Manも特別なんじゃないか？」「Snow Manのセンターのラウールも」……と、ねじ曲げられて伝わってしまったらしい。

『あとで現場のスタッフさんに笑い話として聞いたんだけど、
俺なんか楽屋はいらないぐらいだからね。
シングルベッドぐらいのスペースがあれば、
そこにガチの布団を持ち込んでひたすら寝てるだけだから。
そりゃあ主演舞台や主演ドラマは個室の楽屋が欲しいけど、
音楽番組とかは、逆にメンバーが近くにいないと不安になる（笑）』

ラウールはその場をいかに充実させるかを考え、2時間くらいはガッツリ昼寝をするらしい。

「メンバーによると、対象的に身軽すぎるのが目黒蓮。自宅から向かえるライブ会場の場合、『最小限のメイク道具を小さな巾着袋に入れてくるだけ』――だそうです」（同番組スタッフ）

『めめは本当、〝何年使ってるの？〟ってくらい、
粉々になったファンデーションとリップくらいしか私物がないし、
風呂上がりの化粧水とか康二くんに借りてるだけ。
本気出せば手ぶらで行ける』

目黒蓮の秘密(?)を明かすラウール。

荷物の少なさは渡辺翔太が一番で、美容番長を自負するくせに、自宅の鍵しか持ってこないのだとか。

『『THE MUSIC DAY』とか長丁場の音楽祭はともかく、
『Mステ』みたいに終わりの時間がハッキリしている番組とかでも、
さっくんと舘様と康二くんはスーツケース転がしてくるね。
空で中身スカスカかと思ったら、
さっくんとか2泊3日ぐらいの旅行に行ける分ぐらい詰まってる(笑)。
普段の荷物見ると、それぞれの色が分かれて面白い』

——そう言ってメンバー事情を教えてくれたラウール。

『舘様は先に、持って出るカバンと寝間着を決めるんだってさ。
だからあまり入れるものがなくても、そのまま出るんだって。
現地でお土産たくさん買って詰められるのがメリットらしいけど、
お土産は事務所宛に発送させるのが一番便利じゃない？』

ラウールの話から垣間見えてくる舞台裏のメンバー事情。
〝9人9色〟のＳｎｏｗ Ｍａｎらしくて面白いよね！

ラウールにとって〝特別な先輩〟

ラウールにとって、ある意味では〝最も特別な先輩〟が、SexyZoneの中島健人だ。


『健人くんは最初に僕を見つけてくれた先輩。

2015年5月にジャニーズ事務所に入所したとき、
まだ小学6年生だった僕にすぐ「なかなかいいね!」と声をかけてくださって。

入所3ヶ月目の夏休み、ジャニーズJr.になって初めてのコンサートが『Love Ken TV』。

健人くんのソロコンだった(2015年8月7日~10日 東京ドームシティホール)。

僕は2015年にジャニーズJr.に入ったけどユニットは2018年の少年忍者まで入れなくて、
その間も「心配するな」「お前は絶対に大丈夫」——と励まし続けてくださって。

だから僕はユニットに入れなくても頑張れた』〈ラウール〉

滝沢秀明氏が実質的にジャニーズJr.の面倒を見始めた2018年――

『アイツはモノになります!』

――と強烈に推薦したのも中島健人だったと当時のスタッフから聞いている。

そして中島自身、こんなセリフでラウールを高く評価する。

『自分で構成と演出を手掛けた『Love Ken TV』もそうだけど、
俺がラウールを見つけた年に主演映画の『黒崎くんの言いなりになんてならない』の製作があって、
それでちょうど俺は大学生だったんだけど、
ウチの大学(明治学院大学社会学部)が朝日新聞に打った全面広告に俺が起用されたり、
何かラウールには〝まわりの人間もアイツのパワーで引き上げてくれる〟
そんなオーラを感じたんですよね』〈中島健人〉

一方、ラウールも中島健人について〝特別な先輩〟だと話す。

『僕が「大学にも行きたい!」と思ったのは、健人くんの大学生活を近くで見て憧れたから。
よく健人くんのウチで一緒に映画を見てたとき、
「将来は映画監督とかプロデューサーとか、
作品に出るだけじゃなく裏方で送り出す仕事もやりたい」
——って話してくれたこともあったんですけど、
夜中まで映画を見ても、ちゃんと大学の提出物に取りかかっていた真面目な後ろ姿が忘れられない』

そんなラウールと中島健人の関係、中島をよく知るラウールだからこそ、中島が2020年から
アメリカ・アカデミー賞授賞式関連の仕事を始めたとき——

『〝やっと夢の近くにたどり着いたんだな〟——って、嬉しかった』

——と明かす。

『あの頃、そんな噂聞きたくもないのに、
「健人にできるの?」とか「実績がなさすぎる」とか……
ネガティブなこと、健人くんの悪口が聞こえてきていました。
僕は健人くんがどれほど勉強家で、
英会話もネガティブの先生について個人レッスンまで受けていたの知ってたから、
当たり前のオファーだと思っていた。
純粋に夢に近づいたと感じて、心から嬉しかったですしね』

――そう話すラウール。

そんな大切な、敬愛する中島健人なのに、ラウールはメッセージを無視する事件を起こしてしまう。

『実はＩｎｓｔａｇｒａｍのダイレクトメッセージに公式マークが付いた人からＤＭが来てて、
普段はＤＭとか開かないんですけど、公式マークが付いていたからたまたま開いてみたら、
健人くんだったんです。
「何でインスタに?」……とは思ったんですけど、
僕らっていつ番号変えるかわかんないし、
インスタならもし番号変わっていたとしても大丈夫だと思ったんでしょうね。
中身は『好きなんだよ、まじで』――って文面で、
これは健人くんが見にきてくださったときのＳｎｏｗ Ｍａｎコンサートで歌った曲のセリフを、
そのままリアクションとして返してくれたんじゃないかな?……って。
でも僕、インスタのＤＭの返し方がわからなくて見ただけでスルーしてたら、
人づてに「ラウール、めっちゃ失礼!」――と激怒してるみたいな話が(笑)』

そこは笑ってる場合じゃないのでは……。
でもまあ、急を要する返信は求めてなさそうだよね。

『それに〝アンサーのアンサー〟って、リアクションめちゃめちゃ難しい（苦笑）。だから自分としては、まだ〝どう返せばオシャレか〟考えてる最中なんですよ』

事情を説明するラウールだけど、それはすぐに何でもいいから返信したほうがいいんじゃないの？

これからも〝特別な先輩〟の中島健人との関係を大事にしていってくださいね。

夢を叶えた〝10代のうちに1人海外〟

公共の電波を独占した佐久間大介によって、盛大に誕生日を祝福されたラウール（※佐久間大介の項を参照）。

さらに同日の夜にはＳｎｏｗ Ｍａｎ恒例、誕生日のインスタライブを行い、佐久間大介を含む全メンバーが生配信に登場し、改めてラウールを祝福した。

『ドームツアーの東京公演が終わった（6／12）後、僕は一週間ぐらい仕事が入ってなかったからロスに行ってたんですよ』〈ラウール〉

誕生日直前、ラウール個人のＩｎｓｔａｇｒａｍに思わせぶりな写真を投稿し、海外にいることを匂わせていたラウール。

『前から「10代のうちに1人で海外に行きたい」――って、事務所にお願いしていたんです。
本当はそこにパリのファッションウィークのお仕事（6／20～25）が入るはずだったんですけど、
それがダメになっちゃって。
だからそこ、グループのお仕事は空けていたから、
ファションウィークに行かないってことは1週間お休みになるなって。
それはたまたま偶然だけど、逆に1週間何もしないのは悔しいと思って、
じゃあ10代のうちにしたかった〝1人海外〟でロスに行っちゃったわけです』

――と裏事情を話すラウール。

天候にも恵まれ、旅先で写真を撮りまくったらしい。

本人曰く『完全に単なる観光客（笑）』のラウールだったが、誕生日当日にはこんな不安も……。

『さっくんの『ラヴィット!』がオンエアされていた時間って、サマータイムの時差を考えるとロスは16時間遅い、つまりまだ前の日だったんです。もし僕が「日本時間に合わせてインスタライブをやるので、現地の27日か28日まで滞在させてください」ってお願いして通っていたら、さっくんはまだ19才の僕をお祝いしまくっていたんです。そのうち『人志松本の酒のつまみになる話』に呼ばれたら話してみようかな。もう20才になってるし、トラジャの(松田)元太くんが出てハマってるらしいね。(Snow Man)メンバーみんな、羨ましがってるよ(笑)』

ロスといえば、そのTravis Japanがデビュー前に留学していた地だ。

『あえて誰にも「どこ行ったらいい?」とかお勧めは聞かなかったんですよ。どうせその元太くんとかに聞いても、「いい古着の店、紹介するよ。ラウールはデカいから、原宿や下北よりもロスのほうがサイズ豊富でしょ」——とかしか言わないし、古着探したいわけでもないし(笑)』

そんなラウールだが、意外にもヴィンテージギターが並ぶガレージは訪れたらしい。


『ロスは音楽の街でもあるし、前からSnow Manの音楽スタッフさんに、

「ロスでヴィンテージのアコギ（アコースティックギター）を買ったほうがいいよ。

でもあまりヴィンテージすぎると、日本に持ち帰るのが大変な素材のギターもあるから気をつけて」

――と聞かされていて、
なんとなく最近、ヴィンテージのアコギに興味を持っていたんですよ。

家で作曲とか、カッコいいじゃん』

Snow Manのライブや舞台、さらにかつて深夜ドラマ『SHARK』をご覧になっていた方は、岩本照・ピアノ/ドラム、佐久間大介・ベース、深澤辰哉・ベース、阿部亮平・エレキギター、渡辺翔太・エレキギター、向井康二・エレキギターを演奏する姿を一度は目にされているだろう。

ラウールと目黒蓮、宮舘涼太が楽器をこなせばさらに活躍の範囲が広がるだろうし、アコギの場合は〝弾き語り〟という強い武器にもなる。

ラウールの甘いボーカルとアコギのギターサウンド、ファンならばぜひ聴いてみたいだろう。

『そのヴィンテージのガレージに行ってみたんだけど、
買う気はなくても少し音を出しただけで欲しくなる。
店員さんに勧められたのは〝マーチンのD28〟ってギターだったんだけど、
状態が良くて音も最高のヴィンテージが5,000ドル（約72〜73万円）って言われて、
高いのか安いのか、価値があるのかないのか含め、何もわからないから買わずに帰ってきた』

10代のうちにしたかった〝1人海外〟の夢を叶えたラウール。

『20才を機に新しいことに挑戦したい！
それがアコギじゃなくても』

20才を迎えたラウールの〝ポジティブな意欲〟には期待しかない!!

ラウールフレーズ

『僕はSnow Manを長く続ければ続けるほど、
みんなのことを尊敬する気持ちが強くなる。
だって僕にはできないこと、みんな平然とやっちゃうからね。
そりゃあ尊敬もするよ』

〝凄いことは凄い〟と、素直で真っ白な心で受け止められるのがラウールの〝凄さ〟。トップアイドルに君臨して丸4年以上がすぎてなお、ラウールは(ポジティブな意味で)何色にも染まらない。

『結局、〝ありのままの自分〟でいることが一番難しい。
だからたまに疲れて休みたくなる先輩たちがいるんだよね。
まあ、自分としては〝責める〟のだけは間違っていると思う。
個人の選択は本人にしか決められない』

自分がデビューして以降、何人もの先輩がジャニーズ事務所、ジャニーズJr.から去っていった。そのたびにラウールは思う。

「個人の選択を何よりも尊重すべきだ」――と。

『僕も今は大学生としても生活してるけど、
一般の暮らしとアイドルの暮らしを両立させる中で、
やっぱり一番大切なのは〝謙虚な自分でいたい〟ってことかな。
一般の暮らしの中にいるほうが、逆に謙虚な自分を忘れそうになる』

いくら自分が一人の〝村上真都ラウール〟でいたくても、周囲は特別な目で「Snow Manのラウールだ」と見てくる。ある程度は仕方ないが、それが謙虚な自分に影響を与えてしまうのではないか？……心配になるのも本音。

4th Chapter

渡辺翔太

Shota Watanabe

Snowholic

『ドリボ』主演でSnow Manの〝美容班とミュージカル班〟兼任へ

ジャニーズ事務所には故・ジャニー喜多川氏が世に送り出し、日本のエンターテインメントを代表する、時代を代表する作品がいくつも存在する。

少年隊がデビューした翌年、1986年の夏に今はなき青山劇場で初演されたミュージカルで、毎年ジャニーズ夏の風物詩として愛された作品『PLAYZONE』。

少年隊は初演から23年連続、2008年まで主演を続けて降板。2009年からも『PLAYZONE』の名前は後輩たちが受け継いだが、先ほど〝今はなき〟とお話ししたように、2015年の青山劇場閉館に伴って公演も終了した。

少年隊が23年といえば、初演の『MILLENNIUM SHOCK』から今年で同じく23年になるのが、KinKi Kids・堂本光一の『SHOCK』シリーズ。2005年から現在まで『Endless SHOCK』が上演されているが、すでに昨年にはシリーズ通算1,931公演のミュージカル単独主演記録を樹立。通算2,000回には来年（2024年）到達する予定。

「実は『SHOCK』シリーズのメイン会場でもある帝国劇場が2025年から建て替え工事に入るので、それまでに帝国劇場で偉業が達成されれば歴史に残ります」(テレビ朝日ベテランプロデューサー)

1980年代から1990年代が『PLAYZONE』、2000年代以降が『SHOCK』シリーズだとすれば、2004年1月に滝沢秀明主演『Magical Musical「DREAM BOY」』として初演を飾った『ドリボ』シリーズもまた、2000年代半ばから今に続く、ジャニーズを代表する作品だ。特に2019年からは堂本光一が演出に加わり、『SHOCK』のエッセンスも散りばめられるようになった。

2023年9月に上演される今年の『ドリボ』。主演は昨年まで2年連続で主演を務めた菊池風磨に代わり、6代目座長として我らが渡辺翔太が抜擢された。そして共演の準主役・チャンプ役は田中樹から同じくSixTONESの森本慎太郎へとバトンタッチ。

「これまで『ドリボ』の座長を務めたのは初代の滝沢秀明氏に始まり、亀梨和也、玉森裕太、岸優太、菊池風磨と人気メンバーばかり。そこに渡辺翔太の名前が並ぶわけで、ファンにとっては特別な思いではないでしょうか。『ドリボ』の座長は誰にでも務まるものではありませんからね」(同プロデューサー)

ところがそんな大役を、渡辺も森本も『最初はお断りしていた』と明かすから信じられない。

『中には「ドリボにビビってんの?」
……みたいな言い方をしてくるスタッフさんもいたんですけど、
そりゃあビビって普通でしょ。
あとは本当に記者会見で話した通り。
少し付け加えると、
「30才越えた俺が〝DREAM〟に〝BOY〟って!?」
……という気持ちが少しあるのは事実(苦笑)』〈渡辺翔太〉

要は本人の中では〝30才の俺が今さら?〟感があったということか。
それにしても2人とも堂本光一からの直接オファーを一度は辞退していたとは。

『ジャニーズの歴史のある舞台でもありますし、
しかも上演されるのが帝国劇場という誰もが憧れる劇場なので、

「果たしてそこに僕が座長で立っていいのか？」

「一番奥の楽屋に名前入りの暖簾を下げていいのかな？」

……という不安感もあったので、

「僕じゃないんじゃないか？」

「なにわ男子とかどうですか？」

——とか言いながらお話していたんですけど、何日か後に光一くんから、

「やっぱり渡辺がいいんだ」と連絡をいただいて、
メンバーの目黒蓮に相談してみたら、

「渡辺ならできる。やるべき」——と後押しもされて、
そこでようやく決意をしました』〈渡辺翔太〉

『私も渡辺翔太のように一度お断りをしていまして。
僕が帝国劇場に立つには経験不足だな……と。
舞台に立ってきた回数はちらほらとあるのですが、
帝国劇場というステージに立つには実力と経験が不足しまくっている。
光一くんに「僕ではないいんじゃないいんでしょうか？」と理由を説明して、
「なにわ男子の藤原丈一郎がいいんじゃないか？」——と、
僕もなにわ男子を推薦していたんですよね」〈森本慎太郎〉

森本慎太郎にも堂本光一から——

『渡辺と森本がいいんだよ』

——とアプローチがあり、

『僕もメンバーに話したところ、「しょっぴーと慎太郎のドリボが見たい！」——と言ってもらえて。

でも先に渡辺が目黒の名前を出してきたら、こっちは誰の名前も出せません（笑）』〈森本慎太郎〉

『これまですごい先輩たちや仲間たちが演じていると思うと、
すでに今からプレッシャーを感じてもいます。
僕たちがメインを張ることに今はプレッシャーですが、お互いにJr.時代が長かったので、
それを考えると人生って将来に何が起こるかわからないワクワクがありますよね。
過去の自分に「『DREAM BOYS』の主役をやるよ」――と言ってあげたいくらい、
個人的にはこんなエモい展開が待っていたとは』〈渡辺翔太〉

森本慎太郎に対しては――

『表でマイクを持つとおふざけだったりやんちゃだったり、
すごく面白いタイプの陽気な人柄なのかなと思うのですが、
その裏ではバラエティもお芝居もマルチな活躍ができる根は真面目な人』

――と話す渡辺翔太。

『ドリボ』で一皮むけて、Snow Manの美容班とミュージカル班を兼任して引っ張って欲しい。

菊池風磨と田中樹からもらったアドバイス

『今年の『ドリボ』をお受けして、
メンバーには「光一くんと仲良くなれるから羨ましい」――って言われるんだけど、
実際には今までほとんど話したことないし、
しかも『ドリボ』は帝国劇場っていう大きな会場で出演者も多いから、
一方的に光一くんの演出に「はい」って答えてるだけで終わりそう。
そんなん、仲良くなりようがないよ（苦笑）』〈渡辺翔太〉

今年の『DREAM BOY』に主演することになった渡辺翔太。
演出を担当する堂本光一が出演依頼を固辞する渡辺を口説き続け、その熱意に負けて首を縦に振ったの
だから、周囲から見ると「渡辺翔太と堂本光一はガチの仲（良し）になれる」と思うのが普通だろう。

『いやいや、そりゃあSnow Manもキャリアが長いから、
Jr.としてKinKi Kidsさんと仕事をしたことはあったけど、
そのときも現地集合・現地解散みたいなスケジュールで、ほとんど絡みなかったし。
それにKinKi Kidsさんといえば、
Jr.では〝ふぉ〜ゆ〜〟が門番のようにKinKi KidsさんとJr.の間に立ちふさがって、
KinKi Kidsさんに近づくJr.を弾き飛ばしていたからね。
ふぉ〜ゆ〜の許可がないとKinKi Kidsさんとはしゃべっちゃいけない……みたいな』

――と打ち明ける渡辺翔太。

今はJr.を卒業した(Jr.時代の先輩の)ふぉ〜ゆ〜だが、中でも昨年のクリスマスイブ、2022年12月24日に結婚した松崎祐介は『光一くんと嵐の相葉雅紀くんに婚姻届の証人をしていただいた』と明かした通り、最強門番の一人として君臨していた。Jr.の後輩たちにしてみれば、この松崎を筆頭に福田悠太、辰巳雄大、越岡裕貴がいる限り、KinKi Kids、特に堂本光一とは仲良くなれなかったのだ。

『Snow Manから見ると、ふぉ～ゆ～は少し上のお兄ちゃんたちで、
実際『滝沢歌舞伎』も一緒にやっていた時期があるからね。
でも光一くんも光一くんで、松崎くんとか明らかにフットワーク軽いから、
松崎くんと越岡くんが近くにいてくれれば、
それですべての用事が足りちゃうって思ってたんじゃないかな?
たぶんだけど、実際に光一くんはソファに座ってるだけで、
指示すればぜ～んぶ松崎くんがやってくれるから(笑)』

そんな渡辺翔太に、2021年と2022年の座長を務めた菊池風磨は――

『光一くんは追いかければ逃げていく〝逃げ水〟とか〝蜃気楼〟みたいな人だから、
ただ声をかけられるまで〝待つ〟のが正解』

――とアドバイスをくれた。

『風磨は光一くんに限らず、翔くんや二宮くん、中丸くん、上田くんとか、
先輩の懐に飛び込むのが上手すぎて、風磨のアドバイスは参考にならないんですよ。
簡単に先輩と仲良くなるし、気づいたらタメ口で話す先輩もいるし……。
しかも待つのが正解って、ノンビリと待ってるだけじゃ日が暮れちゃうよ!』

そんな前・座長の菊池風磨に対し、前・チャンプ役を務めた田中樹は、同じSixTONESの森本慎太郎に『「プロデューサーさんと仲良くなったほうがいい」——と言われました』と、何やらためになりそうなアドバイスを。

『リハーサルや立ち稽古だったりボクシングの練習だったり、
稽古期間に入るとすごく大変なことが続くので、
普段からプロデューサーさんと仲良くしておけば、
「疲れたときは〝つかれた〜〟と甘えれば休めるよ」——って言われました』〈森本慎太郎〉

そんな知恵、授けなくてもいいのに(笑)。

『ズルい技なんですけど、そう言われたのでちょっと実践しようと思っています（笑）。
やっぱり夏場の稽古は大変で、体調管理も大切ですから』

――と、森本はどこまで本気かはわからないコメント。

『風磨に比べたら、樹のほうがアドバイスとしては役に立つよね。
そのやり方が正解かどうかは別として。
俺も当然ボクシングの練習もあるから、そのやり方は使わせてもらおう。
ただしジャニーズとしてこのやり方を伝授するのは今年で最後。
後輩たちには絶対にいい影響にならないからね』

そう言う渡辺翔太だけど、いやいや、〝いい影響にならない〟なら、今年からもうやめなさいよ（笑）。
そんなテキトーなアドバイスしかくれなかった菊池風磨と田中樹だったが、風磨と渡辺翔太といえば
この7月クール、カンテレ・フジテレビ系で放送されている菊池風磨の主演ドラマ『ウソ婚』で共演中。
続いてはその現場エピソードについて触れていこう――。

自称〝ドラマ班じゃない〟渡辺翔太のドラマ出演への意気込み

この7月クールからカンテレ・フジテレビ系で放送されている菊池風磨の主演ドラマ『ウソ婚』。連続ドラマ『ウソ婚』は、漫画家・時名きういによる同名の人気Webマンガを原作としたラブコメディ。別冊フレンド誌とデザート誌が共同編集する電子雑誌・姉フレンドに連載されている。

主人公は菊池風磨扮する〝ドS〟の設計事務所社長・夏目匠だが、物語の導入部分でストーリーの鍵を握るのは、元欅坂46の人気メンバー・長濱ねるが演じる匠の幼馴染み、千堂八重。

八重はお人よしの派遣社員だが、家と職を同時に失ってしまい、幼馴染みの匠から半年限定での婚姻関係を依頼され、お互いの利害を一致させた〝ウソの結婚生活〟をスタートさせる姿が描かれていく。実は八重は匠の初恋相手で、匠の気持ち的には決して〝ウソ〟の結婚じゃないところが今後のストーリー展開のミソだ。

『俺が演じるのはフリーのガーデンデザイナー・進藤将暉で、
匠が設計した建物の内装を担っている人物設定。

匠からは「デザイナーとして天才」と一目置かれていて、プライベートでも親しい唯一無二の相棒。

将暉は匠から〝ウソ婚〟相手の八重を「妻」として紹介されるんだけど、
物語の登場人物の中で真っ先に〝ウソ婚〟を疑う人物。

まだ最後まで台本をもらってないんだけど、俺の予想では――

「お人好しで人を疑うことを知らない純粋な八重さんの性格に惹かれていくんじゃないかな」

……と考えてます』

――今後の展開をそう予想する渡辺翔太は〝ここだけの現場裏話〟を教えてくれた。

『風磨って、こっちがハラハラするぐらいデリカシーがないっていうか、
長濱さんに「何で櫻坂やめたの?」――って直接、人前で聞くんだぜ!?
まず長濱さんがやめたのは櫻坂になる前の〝欅坂〟だし、
どっちにしてもそんなこと答えるわけないじゃん!』

ちなみに渡辺が地上波の連続ドラマにレギュラー出演するのは、Ｓｎｏｗ ＭａｎがＣＤデビューする前、２０１９年７月クールのシンドラ枠『簡単なお仕事です。に応募してみた』(日本テレビ系) まで約４年もさかのぼる。

『まあ俺はドラマ班じゃないしね (爆)。
あのときは一応主演だったけど、岩本照、ラウール、渡辺翔太、目黒蓮の４人で主演。
テレビ番組のスクープ映像収録にまつわる10の「簡単なお仕事」を巡る、
３人の若者たちと謎のディレクターとの〝ヤバ怖〟な体験を描く変わった作品だったからね。
今回、俺が演じる将暉は外見や雰囲気、しゃべり方は現代の若者風だけど、
それはみんなの前で作っているキャラクターっぽい、実は真面目で誠実な人物。
外見と内面とのギャップ萌えを上手く演じきりたい』

また主演の菊池風磨については――

『アイツと共演するのはとても心強いですね。
風磨はJr.歴では後輩ですけど、デビューは9年も先輩。
でもそこは上下関係なく、
フラットな仲間として接することができる関係なので、
いつも現場が楽しい』

――そうだ。
自称〝Snow Manドラマ班じゃない〟渡辺翔太のドラマでの活躍を楽しみにしよう。

渡辺翔太フレーズ

『今の俺、このポジションで大切なことは目に入るもの、
肌で感じるものを素直に受け入れ、
自由な視線で捉えることだと思う。
〝斜に構える〟とかめっちゃカッコ悪い（笑）』

Ｓｎｏｗ ＭａｎがＣＤデビューしてから4年目のシーズン。
一人でバラエティ番組に出演することも増えた渡辺翔太だが、
そんな経験から学んだことが「肌で感じるものを素直に受け入れ、
自由な視線で捉えること。〝斜に構える〟とかめっちゃカッコ悪い」
——だった。

『失敗を単なる失敗に終わらせないために、
俺は失敗こそが最大の学びのチャンスと捉えている。
そうできないヤツは何度も同じ失敗を繰り返す』

失敗を引きずることはよくないが、かといって楽観的にやりすごしてもいけない。失敗は誰でもおかすことだからこそ、そこから何を学ぶかが一番大切で、他人と差をつけるコツ。

『外から見られてもわからないと思うけど、
俺はいつも心の中に尊厳を抱いて仕事に臨んでいる。
どんな俺に見えても、心の中にはそれがある』

あえて言葉にして説明しなくても、心の中には〝アツい〟思いがある渡辺翔太。しかしたまには気持ちを口にしてくれたほうが、ファンとしては喜ばしいかも。

Snow Man

俺たちの世界へ!

Snowholic

5th Chapter

向井康二

Koji Mukai

Snowholic

向井康二が叶えた〝20代の夢〟

今年（2023年）の6月末、Snow Manというグループにとって重要な意味がある時期を迎えることとなった。それが〝ラウール20才の誕生日（6月27日）〟と、その陰にすっかり隠れてしまったが〝向井康二29才の誕生日〟だ。

『確かにラウールの誕生日はめでたい。
これでメンバーから未成年がいなくなって、9人揃って堂々と居酒屋さんで打ち上げができる。
別にこれまでもできへんかったわけやないねんけど、主役に一人未成年がおったら、
このご時世、〝誤解を招くような場所の打ち上げはやめとこか〟……ってなるやん？
それはむしろ俺たちよりもラウールのほうが重圧で、
いっつも「自分一人が未成年のせいでしらける」……みたいな言い方してて、
それはめっちゃかわいそうやった』〈向井康二〉

そしてグループにとって重要な意味がある時期という観点に立てば、ラウールの6日前、6月21日に誕生日を迎えた向井康二のほうが〝より重要〟だ。

「向井くんは29才になる。つまり〝20代最後の1年〟になります。この1年で彼が経験し、財産にしていくものは何か? グループの〝力〟としては〝ラスト20s(トゥエンティーズ)〟の向井くんの生き方、過ごし方がポイントになる。そしてそれがSnow Manというグループの力になる」
(『それスノ』制作スタッフ)

確かにそれは、本人もどう受け止めているのかが気になる。

『う〜ん……傍からみたら29って〝まだ若いやん〟って思われるかもしれへんけど、自分にとってはすごく〝重い〟1年になりそう。
でも意識はできればしたくない。
年令は誰もが積み重ねるただの数字ですから、
1年、1年、1日、1日……全部大事にして生きてますけど、
その積み重ねが29年目になるだけの話なので』

とはいえ〝意識はできればしたくない〟と思えば思うほど、〝してしまう〟のが〝意識〟だ。

『誕生日自体は〝悪くない〟っていうか、俺みたいにバラエティで活躍していると、
だいたい前後1ヶ月ぐらいの期間はいろんな番組で誕生日プレゼントとか花束とか、
フルーツ盛り合わせとか素麺とか水羊羹とか、夏生まれに相応しいいただき物をしてしまうんで』

……後半の〝フルーツ盛り合わせ〟からは〝お中元セット〟みたいだけどね（笑）。

『普通に考えると20才になるラウールのほうがめちゃめちゃ大きな節目やけど、
男としての生き方が問われるのは29才。
なにせ最後の20代やからね。
Ｓｎｏｗ Ｍａｎは年上6人年下2人やから、
たくさんのお兄ちゃん方に任せて、甘えて過ごそうと思えばまだ過ごせる。
でも「男としてそれでええのんか？」――って問われると違う』

実は向井康二はかねてから、内心——

『20代のうちに京セラドーム大阪で単独コンサートをやりたい』

——夢を抱き続けてきたのだ。

それが今回のSnow Man4大ドームツアー『Snow Man 1st DOME tour 2023 i DO ME』の初日、5月26日に叶ったのだ!

『確かに東京ドーム、それとアリーナ会場では日本武道館は別格やと思いますけど、
関西育ちにしてみれば、大きな会場は大阪城ホール、
そして京セラドーム大阪こそがコンサートの聖地ですからね。
その京セラドーム大阪からSnow Manの4大ドームツアーが始まる。
これで気合いが入らんかったら関西人やない!』

——というワケで、ドームツアー初日を前にして誰よりもビビっていたのは向井康二だった。

『ビビるというか、ツアー前に（室）龍太くんに連絡して、いろいろと話を聞いてもらった。
そのとき、龍太くんのほうが、
「京セラ（ドーム）か。ホンマにお前売れたんやな〜」って泣き出して、
めっちゃ周囲の目が恥ずかしかったけど、
別々の道を歩むと決めた2018年の12月から、
「龍太くんは俺よりもこの日を待ち望んでくれてたんや」――ってことがわかって、
俺も〝もらい泣き〟してもうたわ』

――室龍太との友情エピソードを明かしてくれた向井康二。

『20代のうちに京セラドーム大阪で単独コンサートをやりたい』

20代の夢を叶えた向井康二、次は〝30代の夢〟に向かって突き進む――。

これが藤井流星との〝同期の絆〟

なぜかあまり話題というか注目されないが、向井康二の〝同い年〟の同期が、ジャニーズWESTの藤井流星だ。


『そやね、2人とも関西ジャニーズJr.やから話題にならないのかも……と思ったら、永瀬廉に西畑大吾、正門良規、福本大晴って4人同期やん!

道枝駿佑に長尾謙杜、高橋恭平も同期やん!

何なん、俺らとの扱いの差。

こっちは全員、めっちゃ面倒見てるのに』〈向井康二〉

〝扱いの差〟は……事務所内ではないと思うけど、一般の視聴者から見たら、たぶん向井が名前を挙げたメンバーは〝キラキラしてる〟かも(笑)。

『いやいやいや。まあ流星は2014年にジャニーズWESTのメンバーでデビューしたから、
Snow Manやなにわ男子より全然（デビューが）早かったけど、
俺はジャニーズWEST兄さんがデビューした後、
（室）龍太くんと関西ジャニーズJr.のツートップを張ってた男やで。
つまりキラキラの頂点やん』

向井康二がキラキラの頂点にいたかどうかはとりあえず置いておくとして（笑）、藤井流星は同期の向井康二に対し、予想外に『嫉妬としていた』ことが全国ネットのゴールデンタイムの番組で明かされたのだ。

「6月20日に放送された日本テレビ系『行列のできる法律相談所』のスペシャルに同じジャニーズWESTのメンバー・小瀧望くんと出演した2人はSnow Manへの嫉妬を隠しませんでした」
（人気放送作家）

タイトルもズバリ『あの人に妬み嫉みましたSP』とストレートすぎるスペシャルだったが、藤井流星は嫉妬している人物に向井康二の名前を挙げ、同期でありながら結果的に自分が6年も先にデビューしたことを説明。

『康二も関西Jr.で頑張っていて、「デビューできるように」ってめちゃくちゃ願ってた。
昔から仲良くて、デビューできるように願掛けで、
愛宕神社の出世の階段を一緒に上りにいったりしたんです』

――と明かしたが、Snow Manがデビューすると、

『一瞬で(CDセールス)100万枚いきよったから、ちょっと待てって』

――と、Snow Manの快進撃に腰を抜かしそうになったことを告白していた。

『最近、康二が木村拓哉さんから服もらってたんですよ。
僕ずっと尊敬してたんですね。
木村さんってやっぱりスターじゃないですか、それはホンマに妬んでる』

――とも告白。

『俺は番組見てへんけど、流星がそんなこと言ってたのはスタッフさんから聞いてたし、ほとんどアイツの持ちネタですよ。

アイツ、たくさん同じ話を10何回も俺にしてるんです。

Ｓｎｏｗ Ｍａｎが一瞬で追い抜いていった話とか、ほとんどトークの展開まで覚えてますから。

でもその話は俺のエエ話なので、野放しにして泳がせてます（笑）。

エエ話はナンボされてもええんで』

向井康二に言わせると、自分のエエ話は〝野放しにして泳がせている〟らしい。


『関西人のルールとして「オチを先に言わない」っていうのがあるから、流星に会うときは、常に真っ白な気持ちで初めて聞いたリアクションをする。

それが一種の〝同期の絆〟』


――なのだとか。

でもそれって〝同期の絆〟っていうのかなぁ（笑）？

〝アテンダー向井康二〟の栄光の架橋〝向井ブリッジ〟

Ｓｎｏｗ Ｍａｎにおける向井康二の大切な役割のひとつに、関西ジャニーズ出身、あるいは現役の関西ジャニーズJr.とＳｎｏｗ Ｍａｎメンバーの〝架け橋になる〟ことが挙げられる。

『それも単なる架け橋ちゃうよ。

まさに〝栄光の架け橋〟やから(笑)。

普通、関東と関西のジャニーズが仲良くなるのって、たとえば同じ舞台に一月出るとか、映画やドラマでガッツリと共演したりせなアカンじゃないですか?

ところがこの〝栄光の架け橋〟、通称〝向井ブリッジ〟を渡ると、
初対面から10年選手並に仲良くなれる』〈向井康二〉

要するにコーディネーターとかアテンダーとか、そんな役割をしてくれるってことか。

『というか今、Snow ManだけじゃなくSixTONESや東京のJr.たちも、「関西ジャニーズとご飯を食べてみたいんやけど」――って連絡来るし、逆に関西ジャニーズやJr.、なぜか関西Jr.時代にお世話になった吉本芸人さんからも、「Snow Manを紹介して欲しい」って連絡が来る。
ただSnow Manの場合、9割方「目黒くんかラウールくん」――って言われるから、その2人に関してはプライドにかけてお断りしてる(苦笑)』

たとえば今の関西Jr.やなにわ男子でも道枝駿佑や長尾謙杜、高橋恭平らは、千鳥やかまいたち、ダイアンら関西のテレビ界で〝ロケの達人〟とされた芸人さんたちが〝東京進出〟を果たした後に関西Jr.で台頭したメンバーのせいか――

『この前、千鳥のノブさんと会ったら、「みっちーと話してみたいからご飯ご馳走する」――って言われて、登場人物みんな関西人で変な感じがした』

――などというハプニング(?)も向井は経験しているようだ。

『それこそみっちーといえば、自分の誕生日配信でもチラッと話したけど、
舘様に頼まれてアテンドした』

向井が道枝駿佑とご飯にいく約束をしていたら、たまたま宮舘涼太もその日、同じ店を予約していたことが判明。宮舘から——

『みっちーと会ってみたい』

——と頼まれた向井は、

『みっちーに「舘様もいい？」って聞いたら、「僕は大歓迎です」って言われて』

——その店に集合することになったと明かす。

『もう舘様がはしゃいじゃってさ。
みっちーに「康二のどこが好き」って聞いて、
みっちーが「いつも優しくて面白い」って答えると、
どんな根拠か「康二よりみっちーのこと笑わせられる自信ある」とか言い出してさ。
もうその時点で笑われへんほど酔うてんのに、
「今夜ここでみっちーの笑顔引き出したのは俺だから」
——と言って譲らへんのよ。
最後にスリーショットの写真を撮ったら、
「みっちーは俺に少し寄っていた」とか子供か！
翌日はなぜか冷静に「すごくいい方ですね」——って丁寧語で話すし、
舘様の性格やキャラが一番わからん（笑）』

——とかなんとか言いながら楽しそうにエピソードを話す向井康二。

ちなみに向井流アテンダーで一番大切なことは――

『ちゃんと先輩後輩の関係を間違えないこと。
要するに〝支払い〟のときに誰が払うのかを把握しておかないと、
必要のない割り勘とか、家に帰ってからもモヤモヤする』

――なのだとか。

アテンダーにはアテンダーなりの苦労があるってことかも。
これからも栄光の架橋〝向井ブリッジ〟を渡りたい希望が殺到しそう。
〝アテンダー向井康二〟ますます忙しくなりそうだ。

向井康二フレーズ

『俺が上京して5年目になるけど、まわりの環境が変わったのはもちろんとして、つくづく〝人との出会い〟が自分を引き上げてくれたことを実感するね』

関西ジャニーズJr.時代、東京（関東）のギョーカイ人を「めっちゃ冷たい人ばかり」と思い込んでいた向井康二だったが、いざ上京してみるとその概念は崩壊。〝人との出会い〟こそが、自分を引き上げてくれたのだ。

『今やから言えるんやけど、東京に来る前、
滝沢（秀明）さんに、
「なんで俺なんですか？」って聞いたことがあったんです。
そんとき、
「優等生ばかり集めてもつまんないから」――って言われて、
最終的にはそれが最高の口説き文句やった』

向井康二やジャニーズWEST世代の関西ジャニーズJr.には、多かれ少なかれ東京Jr.に対する反骨精神があった。滝沢秀明はそれを十分に承知したうえで、「向井康二がSnow Manに加わったときの化学反応に期待した」と、のちに明かしたそうだ。

『誰だって自分の中に〝光るモノ〟を持ってるし、
それを光らせられた者が表舞台に立つことができる。
それは関西ジャニーズJr.で学んだね』

言葉は悪いが「自分には関西ジャニーズJr.で燻っていた、拗ねていた時間があったからこそ、学べるものがあった」——と向井康二は振り返る。

6th Chapter

阿部亮平

Ryohei Abe

Snowholic

〝マンスリースペシャルキャスター〟に就任

『さっくんと舘様が朝8時台スタートで、ふっかは実質10時台スタート。

それで俺が16時台って感じで、SnowMan、いい感じのバランスで情報番組に出てるよね。

俺たちもう〝情報番組班〟としてやってけるんじゃない?』〈阿部亮平〉

フジテレビが関東ローカルで生放送中の『Live News イット!』。

毎週月曜日から金曜日までの午後、これまでは夕方のニュースに繋げる時間帯は連ドラの再放送などで埋めていたが、今は15時45分スタートにニュース枠を拡大し、19時まで生放送しているのが『Live News イット!』。

阿部はその拡大された枠に今年の4月からマンスリースペシャルキャスターとして出演。SDGsに関する様々な企画を担当している。

先に「関東ローカルで生放送中」とお伝えしたが、阿部が出演する16時台がまさにそれ。全国の視聴者に阿部がSDGsに奮闘する姿を見てもらえないのがつくづく残念だ。

「この『Live News イット!』についていえば、阿部くんは昨年の3月から今年1月まで、SDGsスペシャルキャスター、そして気象予報士として生放送に4回出演しています。今年4月から〝マンスリースペシャルキャスター〟就任のオファーが来たのも、その4回の出演できっちりと結果を出したから」

フジテレビの担当者によると、阿部亮平を起用した最大の理由は〝ロケに臨むときの真摯で真面目な態度〟だったらしい。

『それはマジに嬉しいね。
ロケのテクニックは場数をこなせば成長するけど、
タレントとしての〝心根〟は、どれだけ隠そうとしても必ずボロが出る。
だけど俺の仕事に臨むときの態度や姿勢を褒めていただけるということは、
俺の心根も認めてもらえた気持ちになるから。
ハッピーな気持ちで仕事に取り組める』

そんな阿部が『Live News イット!』のマンスリースペシャルキャスターとして臨んだ（通算7回目の）SDGs特別企画は、「教育支援のSDGs」だった。東京・六本木にある東洋英和女学院（中学部・高等部）を訪問した阿部は、SDGsの17目標の1つ「質の高い教育をみんなに」について、学校と生徒たちの取り組みを取材した。


『東洋英和女学院ではドリップバッグ式のコーヒー「Eiwa café」を販売しているんだけど、このコーヒーはパナマのコトワ農園という所で栽培された豆を使用して、ドリップバックを購入することで地元の先住民・ノベ族の子供たちへの教育支援に繋がる仕組みになっているんですよ。

今回、ガチャピンと一緒にこの支援活動を取材しながら実際に活動にも参加してきました。

さらに新商品を開発するため、生徒たちと新商品試飲会を開催したんですよ』

また阿部は気象予報士の資格を活かしてガチャピンとともに天気コーナー「ソラよみ」を担当した。

『「Ei-wa café」の取り組みを取材して、遠く離れた場所で貧困と闘う子供たちに、
少しでも希望や支援を届けることができることを認識できて嬉しかった。
コーヒーの一杯が子供たちに大きな影響を与える可能性があることも実感したし、
一人一人が起こす小さな行動でも、それがまとまれば社会に貢献できることを、
誰よりも生徒たちが信じて取り組んでいることは素晴らしいのひと言。
今回の放送を通してSDGsの理解が広がり、
貧困で教育が受けられない子どもたちへの支援も広がることを願っています』

6月のマンスリースペシャルキャスターでは、世界で教育を支援する様々な取り組みを取材した阿部亮平。
貧困や差別を理由に質の高い教育を受けられない子供たちが、世界にはたくさんいる。
これからも阿部ならではの優しい視点での取材を通じ、こうした支援の取り組みが広く知られ、
多くの方々が関心を持つ機会になればいいのではないだろうか——。

阿部亮平が切り開く〝講演会アイドル〟の可能性

『これは（ジャニーズ）事務所のスタッフに聞いたんだけど、
今年のGW明けから事務所には、俺に対する〝講演依頼〟が殺到したらしくて。
今までジャニーズ事務所のタレントに講演を依頼してくるようなオファーはなかったから、
窓口になっているスタッフも困り果ててるらしい。
基本、単独で講演とか現時点では考えてはないけど、
自分とグループの可能性を広げてくれる気もする』〈阿部亮平〉

そんなオファーが殺到する一因には、間違いなくフジテレビ系『Ｌｉｖｅ Ｎｅｗｓ イット！』での
ＳＤＧｓスペシャルキャスターとしての出演があるだろう。すでに6月に放送された東洋英和女学院（中学部・高等部）での「教育支援のＳＤＧｓ」でも、講演などの仕事と阿部のポテンシャルが高い親和性を示してくれたことを見ても、これからも阿部に対する〝講演依頼〟は後を絶たないのでは？

『あの東洋英和女学院には「Eiwa café」っていう、
れっきとした〝芯〟が通っていたから俺もやりやすかったけど、
いつもいつも同じようにできるとは限らないからね。
でもオファー自体はGW明けからいただいているわけで、
皆さんどんだけ〝青田刈り〟の才能あるんだよ!?』

ちなみに阿部へのオファーがGW明けから殺到した理由の一つには、新学年・新学期がスタートする直前、阿部が小中学生向けの情報誌で〝友達の作り方〟について独特の意見を発していることに要因があったのでは?……と話す関係者がいる。

「これまで多くのタレントさんは、〝たくさんの友達を作ろう!〟的な意見でまとめる人がほとんどでした。しかし阿部くんは〝たくさんの友達よりも親しい一人を〟とするタイプで、ジャニーズJr.の経験、難関大学に一般受験で合格した経験なども含め、いかにも青少年に〝聞かせたい〟講演をしてくれそうですよね」(講演会コーディネーター)

『それは少し買い被られている気がしないでもないけど（笑）、
僕は小学生や中学生の新しい出会いよりも、
「（仲のいいあの友達と一緒のクラスになれるかな）」――という気持ちが大きかったし、
あまり新しい友達と出会えるワクワク感はなかったかな。
でも、もし新しい友達を作りたいなら、まずは挨拶が一番大切だと思いますね。
どんな相手でも挨拶は話すきっかけになるし、挨拶したからって何か減るものじゃない。
そこからさらに仲良くなるには共通の話題が必要だけど、
それも挨拶から始めないと、
どんな趣味とか性格とかわかんないもんね』

――もうこれだけで立派に講演になりそう。

『同じことに興味があると仲良くなりやすい。
だからまずは話しかけてみて、それで仲良くなれなかったら、
「こういうこともあるよね」でいいんじゃない？
でも友達って、たくさんいればいいってものじゃない。
困ったときに何でも話せる友達が一人いることが、とてもとても大事だと俺は思う。
俺には小・中・高・大って、それぞれ親友が絶対に一人はいるし、
その親友を軸にいろいろな交友関係が広がっていった。
だからまず、そういう友達が一人できるように目標を持てばいい。
あくまでも俺の場合は、ね』

――〝親友〟との関係をそう振り返る阿部亮平。

Ｓｎｏｗ Ｍａｎの〝仲の良さ〟は学生生活の〝友達〟とは少し意味合いが違うが、それは――

『9人それぞれにすごく尊敬するところがあって、だからお互いを信頼し合える。でもそれは親友に向ける信頼とは種類が違うし、自分の努力が足らなかったら失う可能性もある』

――とも語る。

「ジャニーズ事務所さんはこれまで講演会のオファーを受けていないはずなので、現実的には阿部くんが講演会の壇上に上がることは難しい。しかしＳｎｏｗ Ｍａｎはメンバーが9人もいて、それぞれの個人活動がグループにフィードバックされていることを考えると、近い将来どんな風に事務所の方針が変わるのかはわからないし、そうなったとき、新しいジャンルの仕事を開拓することができるメンバーの一番手は、間違いなく阿部くんでしょう」（前出講演会コーディネーター）

講演会というアイドルにとっては新たなジャンルを切り開くきっかけとなりそうな阿部亮平。

誰もまだチャレンジしていない〝講演会アイドル〟という新しいジャンルの先駆者として、ぜひ自らの可能性に挑戦して欲しい。

〝匂わせ〟騒動に対する阿部亮平の真実の想い

「最近、いわゆる〝匂わせ〟行為はめっきり少なくなりましたが、よりによってあの阿部亮平くんが「匂わせじゃない?」と騒がれる事態が起こりました。まあ100%潔白な阿部くんが釈明するのも変な話なので、一部のファンの方が騒いだだけに留まりましたが。結論からいうと阿部くんは高校時代からの友人、もちろん男性を自宅に招き、手料理を振る舞っただけ。**『友達と外で食事をしたくても、それはそれで騒がれる。だったらウチに呼ぶしかないし、わざわざ来てもらうんだから、手料理ぐらいご馳走しないと!』**——が阿部くんの言い分です」(『それスノ』制作スタッフ)

今年6月、阿部亮平が公式モバイルサイトを更新して手料理の写真をアップしたところ、〝女性の影を疑うファンがSNS上に現れ、いわゆる〝匂わせではないか?〟と白熱してしまった。

阿部はブログで、こちらもSNS上で話題になっている〝暗殺者のパスタ〟を作ったことを報告。以前TBS系『王様のブランチ』の「買い物の達人」に出演した際に購入したフライパンを使い、話題のレシピに挑戦したそうだ。

まずパスタは茹で上げるのではなく、乾燥状態でフライパンに投入。焦げ目をつけながら火を通していくのが〝暗殺者のパスタ〟。阿部は調理中のフライパンを写した写真や、お皿にパスタを乗せた状態の写真を公開し、『美味しかった』『作ってるときも楽しかった』など、手料理の感想を綴る。

「阿部くんは丁寧に作り方を解説してくれた。これはもちろん、ファンの皆さんにも同じように調理して欲しいからです」(同『それスノ』制作スタッフ)

しかし完成後の写真で、テーブルに敷かれたランチョンマットが手前のパスタと向かい側にも敷かれていたため、一部のファンが「目の前に誰かいる!」と、言葉は悪いが騒ぎ始めてしまったのだ。

「SNS上では『一人暮らしのアイドルがランチョンマットを2枚見える写真をブログに載せるなんて』『ランチョンマット2枚にショック』……などと動揺の声が広がりましたが、先に結論をお話しした通り、事実無根の冤罪被害です。阿部くんも今年の11月で30才ですから、勘繰れば〝女性に手料理を振る舞ったのでは?〟と思ってしまうのでしょうが、阿部くんは調理中の写真にはフライパン以外にはモザイクをかけ、商品名であったり周囲が見えないように配慮している。そんな阿部くんがランチョンマットだけは認識できるように残していたのは、何の後ろめたさもないから」(同前)

むしろパスタ以外のモザイク処理は、阿部本人の危機管理能力の高さを証明しているのではないだろうか。

「SNS上が少し落ち着くと、冷静なファンの皆さんから〝むしろ信頼度が高まった〟〝何でもかんでも『匂わせ』って騒ぐ人たちのほうがおかしい〟との意見が一気に増えましたが、これもJr.時代からスキャンダルどころか女性関係の〝噂〟すら出なかった阿部くんだからこそ浴びてしまった、SNS上での疑惑の洗礼みたいなもの。一部のファンの皆さんが敏感に反応してしまう気持ちはわからなくもありませんが、こんなことで騒いでいると、ジャニーズに限らず芸能事務所側はアイドルに写真を載せさせないようにするしかなくなる」(同前)

『やましいことは何一つないから俺自身は気にしてないけど、
Ｓｎｏｗ Ｍａｎのメンバーに限らず、アイドル側にすれば、
「何をやっても文句つけられるなら、もう何もやらないほうがマシ」
——と考える人が出てきてもおかしくないよね。
でも、そもそも騒いでいる人が自分のファンとは限らないというか、
逆にアンチファンかもしれないわけで、
そうしたら目的も足を引っ張ることだし、
アイドル側もファン側も一度冷静にならなきゃいけない。
まあ俺は、わざわざ自分からファンの皆さんとの信頼関係を壊すような行為はしないよね（苦笑）』

——本音を語った阿部亮平。

ランチョンマットの写り込みで騒がれてしまうのも、Ｓｎｏｗ ＭａｎがトップアイドルであるI証明ともいえるだろう。

『俺は、わざわざ自分からファンの皆さんとの信頼関係を壊すような行為はしない』

この言葉に、阿部亮平のファンに対する真実の想いが込められている——。

阿部亮平フレーズ

『Snow ManとしてCDデビューして懸命にやってきたからこそ、
「これから先の自分たちは、
〝嘘〟や〝偽り〟に騙されて道を踏み外すことは決してない！」
――と断言できるかな』

ファンや視聴者が一番嫌うこと、それは自分が応援していたタレントが嘘をついたり、偽りの言動を冒すこと。阿部亮平は単独で数多くの番組に出演しているからこそ、それを体感として思い知らされている。

『俺は〝できないこと〟は「できません」って言うし、
それが自分の能力不足でも恥じたりはしない。
まあ、胸を張ることもないけど(苦笑)』

阿部亮平は決して自分を大きく見せようとしたり、できないことを「できる」と見栄を張ったりしない。その一瞬はもてはやされても、できなかったときに〝落胆〟させる、その落差はタレント生命に関わるほど大きいからだ。

『クイズ番組が好きなのは大前提であるけど、知識や教養って目に見えないモノがどれだけ備わったか、その一つの証明になることもクイズ番組にこだわる理由』

ジャニーズJr.の〝お勉強キャラになる!〟と決めた日から、自分が選んだ道が正しかったかどうか、その一つの証明にもなるのがクイズ番組からのオファーや活躍なのだ。

7th Chapter

目黒蓮

Ren Meguro

Snowholic

ハルが手なずけた（?）ガクとの関係

この7月、TBSが「最も期待している」連続ドラマが、金曜ドラマ枠（22時台）でオンエアされている『トリリオンゲーム』。

原作はマンガ大賞2022のノミネート作品で、ビッグコミックスペリオール誌で好評連載中の同名作品。〝世界一のワガママ男〟主人公・ハルと、ハルの中学時代の同級生で〝気弱なパソコンオタク〟・ガクという正反対の2人がゼロから起業し、ハッタリと予測不能な作戦で1兆ドル（トリリオンダラー）を稼いで成り上がろうとする前代未聞のノンストップ・エンターテインメント。

主人公のハルこと天王寺陽を演じているのは目黒蓮、そして相棒のガクこと平学を演じているのが佐野勇斗だ。

「キャスティング会議では数名のジャニーズJr.、SixTONESの高地優吾くんの名前も挙がりましたが、佐野くん独特の〝手下感〟というか、他局のドラマではありますが、イメージは『六本木クラス』で鈴鹿央士くんが演じた長屋龍二役をもう少し小物にした感じ」（TBS制作スタッフ）

クールで強欲、才色兼備の社長令嬢・黒龍桐姫を今田美桜。「トリリオンゲーム」社初の新入社員で、代表取締役社長に就任する高橋凜々を福本莉子が演じる。その他にも桐姫のボディーガード兼秘書の長瀬忠則を竹財輝之助、ハルとガクに出資する謎に包まれたワイルドな敏腕投資家・祁答院一輝を吉川晃司、ハルとガクに立ちはだかる怪物経営者で桐姫の父親・黒龍一真を國村隼が演じている。

『事業計画も起業資金もゼロ。
そんなハルとガクが援助を受けて起業するトリリオンゲーム社。
それでも〝何者でもない〟ハルとガクの2人が、
企業の成長に必要な才能を求めて個性的な仲間を集め、
知恵とハッタリと確かな技術で社名通りにトリリオンダラーを稼ぐ前代未聞の痛快金儲けドラマ。
言ってみれば自分のワガママ、欲望のために突き進むハルとガクを通して、
出る杭は打たれる日本社会の中で戦う挑戦者たちに勇気と希望をお届けできれば――って思いで、
佐野くんと頑張ってます』

そう話す目黒蓮は『俺にもハルのような類まれなるコミュニケーション能力があればな～』とこぼすが、作品とソックリなのは、実は〝小物感満載〟の佐野勇斗の心をシッカリと掴んでいることだった。

『佐野くんがガクをやると知って調べたとき、ちょうどインスタライブをやっていたんですけど、陰キャの役柄とは正反対ですごい陽キャだったんです。内心「こんな陽キャの人がガク役でイケんのかな～」って思っていたら、実際に会った佐野くんはガクそのもののビジュアルを作ってきていた。その瞬間、「この人とは上手くやれる」――って確信しましたね』

――佐野の印象をそう話す目黒蓮。

一方の佐野勇斗は――

『原作も読んでいたから、この話を聞いたとき、
僕らの世代でハルを演じられるのは目黒さんしかいないないなと思いました。
実際にお会いしてみると、毎日ハルと同じような無茶振りだらけ。
それはそれで絡めて嬉しいんですけど、SNS用の写真を撮るとき、僕に丸投げして、
「佐野くん、バズる写真よろしく」――と言われるのが恐怖ですね。
でもすごく真面目でできた方なので、現場ではたくさん学ばせてもらってます』

――と、ほぼ〝手下〟になっている様子。

『今まで自分がやらせてもらった役柄は物静かな役が多かったので、
現場でもそういう風に過ごしたほうがお芝居に入っていきやすいタイプなんです。
でも今回は今までとは全然違う役柄で、あえて〝ワガママな自分〟でいようとしています。
だから佐野くんにも無茶振りをしてみたりとか……って、言い訳として成立してますか？』

目黒蓮の口振りからして、現場ではどうやら共演者同士でいい関係性が築かれているようだ。

目黒蓮が密かに秘める〝人生の最終目標〟

現場における目黒蓮と佐野勇斗の関係性がわかったところで、もう少し目黒蓮を深掘りしてみよう。

『ハルはコミュニケーション能力が高くて自信に満ち溢れているし、どちらかというと不器用な俺とはかけ離れている部分ばかりかな。まあでも、頑張って成りきってるつもりだけどさ』

どこか自信なさげに語る目黒蓮だが、彼が『トリリオンゲーム』で演じている〝天性の人たらし〟で〝世界一のワガママ男〟のキャラクターは、目黒蓮じゃなくても「こんな役、演じたことないもん」と不貞腐れる（？）に違いない。

しかし目黒は『自分とはかけ離れている』としながらも、ハルにはどこかシンパシーを感じるようになってきたとも明かす。

『それはいつもハルのことを考え、
「ハルならどうするかな?」とか変換しているせいかもしれないんですけど、
〝常に上を目指して高い目標を達成していこうとする姿勢〟は、
Ｓｎｏｗ Ｍａｎの目黒蓮と通じるものがありますね。
やり方とか、そういうことは抜きにして』

これまでに演じたことがない「ハル」というキャラクターは、オファーをもらったときから『自分にとっては大きな挑戦になる』ことを覚悟したと明かす目黒蓮。

『演じたことがないし気持ちもわからないからって、言われたままのお芝居で守りに入るのは嫌。
今回のような役だからこそ、自分の中で〝役と同化して攻める気持ち〟を大切にしています』

謙虚で真面目なイメージが強い目黒だが、先ほどの佐野勇斗に対してのエピソードだけではなく、現場では他の演者さんに対しても『あえてハルのように〝ワガママ〟でいようとしている』そうだ。

『もちろんまわりは先輩方のほうが多いし、
傲慢に見えない程度に、
〝こんな目的で少しワガママに見えるかもしれません〟
――と、お断りも入れている。
そのうえで自分の中で強く思っていることは、
必ずまわりにも言うようになったんです』

自分の意見を積極的に発することは今まで難しかったし、Jr.の頃から先輩や同期に「そこが欠点だ」と指摘されても、頭ではわかっていても簡単には性格は変えられない。

しかしハルの役に乗せれば、自分でも意外なほど自己主張ができるようになってきたのだ。

『ハルは〝1兆ドル=トリリオンダラーを稼ぐ〟という野望に向かって前を向いて挑戦を続けていく。
少し古い話になるけど、2017年の『滝沢歌舞伎』初日の前日に、
けがをした出演者の代役を僕に打診されたんです。
打診といってもお断りする選択肢はなかったんですけど、
とにかく無我夢中でセリフを覚えた。
今思うと、偶然とはいえ、
「あのときに俺は一つのチャンスを掴んだんじゃないかな」——と思える。
目の前のことを精一杯やることしかできない自分だけど、
ハルだったらきっと俺がチャンスを掴んでモノにできるかどうか、
そこまで事前に見極められる気がする。
でも単純に能力としては羨ましいけど、俺はそこまでハルにはなりたくない。
「先が見えないからこそ、芸能界は面白いんじゃない？」——って、最近思えるから』

ハルには〝トリリオンダラーの持ち主になる〟目標があるけど、目黒にも芸能界で叶えたい目標が？

『現時点では芸能界で叶えたい〝大それた夢や目標〟はないけど、
でもそれはやる気がないからじゃもちろんなくて、
人生の最終目標は「自然の中で自給自足の生活を送ること」だからなんですよ。
芸能界は大都会のお仕事だから。
子どもの頃から農家の方や漁師さんをすごくリスペクトしていて、
いつか自分でも挑戦してみたいんです。
もちろん簡単なことじゃないし、それを自給自足と呼ぶのかどうかは別として、
ハルが稼ぐ1兆ドルより、俺の中で価値がある』

あまり『自分語りも得意じゃない』という目黒蓮だが、なかなか立派な目標をもっているではないか。

〝人生の最終目標〟を叶えるために、まずは芸能界で大きな夢を叶えて欲しい。

目黒蓮が貫く〝仕事への姿勢〟

ヒロイン役に今田美桜を迎えた目黒蓮の初主演映画『わたしの幸せな結婚』(2023年3月公開)の興行収入が、最終的には27億円のラインを突破したという。これで2023年上半期のスマッシュヒット作品になった。

これで今期2023年7月クールにオンエアされている単独初主演連ドラ『トリリオンゲーム』の視聴率次第では、Snow Manどころかジャニーズを代表する人気俳優の座が約束されるのが目黒蓮だ。

〝連ドラ不況〟が囁かれる昨今だが、世帯別視聴率の計測方法や家庭内の視聴スタイルが日々進化していく中で、『トリリオンゲーム』を『silent』のような話題作に育て上げることができれば、彼の快進撃を誰もが認めざるを得ないだろう。

そんな絶好調俳優の目黒蓮だが、映画やドラマの撮影現場でも、絶好調の評判が聞こえてくるというではないか。

「『わたしの幸せな結婚』のプロデューサーの一人が目黒くんについて〝あれだけのハードスケジュールなのに撮影期間中の遅刻はゼロ。それとセリフも完璧に入っていた〟と教えてくれました。さらに目黒くんに〝これだけ忙しいのに凄いね〟と声をかけると、『映画はストーリーに沿って撮影するわけじゃないので、そのシーンのセリフだけが入っていても感情移入ができない。もちろん現場でチェックはしますけど、基本は最初から最後までセリフが入ってます』――と返してきたといいます」（TBSテレビ関係者）

実は似たようなエピソードは、フジテレビ系『silent』のスタッフからも入っている。

「ウチの場合は少し特殊な役柄ではありましたけど、目黒くんは主役の川口春奈さんのセリフが、川口さん以上に入っていた」（フジテレビ『silent』スタッフ）

現場でのミス、NGが少ない俳優にはオファーが絶えない。脇を固める役者さんでいつも同じ局のドラマにばかり起用されているのは、その多くが〝NGをめったに出さない〟俳優だそうだ。

「目黒くんは番宣番組に協力的なので、情報系の番組スタッフの受けもいい。俳優さんの中には露骨に番宣番組を嫌う人も多いけど、どんなときも目黒くんは手を抜かない。彼の辞書には〝適当〟の文字がないのでは？」（TBSテレビ関係者）

よく噂を聞くのは、目黒は現場に入る際、他の出演者やスタッフに——

『Snow Manの目黒蓮です。よろしくお願いします』

——と、丁寧に挨拶して回っていると聞く。

『わたしの幸せな結婚』の現場でも、同様の姿を見せていた。

「あの作品は時代背景の関係もあり、出演者の衣装やケータリングが毎回100以上も運び込まれていた。目黒くんは業者さんがあたふたしている姿を見つけると、率先して荷物運びを手伝っていた。さすがにある時期から〝主演のやることではない〟とスタッフが止めた。それでも目黒くんは『手が空いてるんだから構わないでしょ』——と手伝いをやめなかったそうです」（同TBSテレビ関係者）

目黒がまわりを気遣えるのは、下積み時代、舞台袖のスタッフの仕事を手伝っていたことがあったからだという。身を持って裏方仕事の大変さを知っているからこそ、荷物運びを手伝えるのだ。

『そんな大袈裟な話じゃなく、
手が空いてる人間が手伝えば撮影も早く終わるじゃないですか。
早く終わって早く帰りたいもん。
みんなそうじゃん(笑)』

――たとえそうだとしても、撮影の合間に裏方仕事を手伝うのは手間がかかるし、〝主演俳優〟で手伝う人も少ないだろう。

『ジャニーズの若手が現場で謙虚なの、
さんざん滝沢秀明さんたちに叩き込まれているからだと思う。
いつも口がすっぱくなるほど繰り返してた。
「人前に出る人間は謙虚であればあるほどいい」――って。
だから俺たち、〝謙虚〟と〝普通〟の境界線すらわかんない(笑)』

――そう話す目黒蓮。

誰に聞いても、目黒はどんな立場の人間にも態度を変えず、謙虚に接しているという。

目黒蓮のこの仕事に対する姿勢を貫けば、目黒へのオファーが途切れることはないだろう。

そして、その謙虚で真面目な姿勢が目黒蓮を〝さらに大きな役者〟へと成長させていくに違いない——。

目黒蓮フレーズ

『ここ1〜2年、
いろんな現場でいろんなお仕事をさせてもらえるようになったけど、
自分自身の成長や気の持ちようで、
ずいぶんと〝見える景色が変わった〟ことに気づいたんです。
逆にいえば、気持ちのコントロールで常に一定でいられることも』

今やＳｎｏｗ Ｍａｎを代表し、新規ファン獲得の窓口（入口）になっている目黒蓮。だからこそ彼は、「その場所でしか見えない景色と役割をしっかりとこなしたい！」と願う。それがＳｎｏｗ Ｍａｎにおける〝自分の居場所〟を作ることにも繋がるから。

『たとえ結果的に〝結果〟を出す仕事ができなかったとしても、
自分の心の中まで負けてはいけない。
心の中は常に〝勝者〟でありたい』

その仕事を失敗したからといって、命まで獲られるわけじゃない。
もちろん成功させるにこしたことはないが、大切なのは強靭な
精神力を養うこと。

『お芝居の仕事とか自信がないときのほうが今でも多いよ。
でもどれほど自信がなくても、
お芝居に夢中になれば楽しめることを知れた。
自分が楽しまないと視聴者の皆さんの心は動かせない』

自分が少しでも疑問を感じていたり後ろ向きになってしまう仕事が、視聴者の心を動かせるはずがない。目黒蓮の確固たるスタンス。

8th Chapter

宮舘涼太

Ryota Miyadate

Snowholic

〝だてめめ〟ペアでわかった「舘様は単なるめめファン?」

Snow Manメンバーが2人ずつパーソナリティを務めるレギュラーラジオ『不二家presents Snow Manの素のまんま』(文化放送)で、今年の5月、番組スタート(2020年1月クール)以来、ようやく2回目のペアリングになったのが、宮舘涼太と目黒蓮のペアだ。

「そもそも初めて2人での担当になったのも、番組がスタートして1年半の2021年7月。そのときはリスナーの皆さんからの反響がスゴくて、中には〝共演NG、やっと解けたんですね〟〝宮舘くん、もう目黒くんをイジめないでください〟など、宮舘くんと目黒くんが、『(ファンに)心配かけちゃいけないね』――と、ありもしない噂に困惑気味でしたが、でも結局は『誰が出るか決めるの、俺たちじゃなくてマネージャーだからなぁ〜』と溜め息をついてましたね」(番組スタッフ)

ほとんどのリスナーは初の〝だてめめ〟に大興奮で、その後も番組サイドには2人の再登場を願うたくさんのリクエストが届いたそうだ。

「あれから2年以上経ってますが、今回はリスナーの皆さんも割と冷静でした。2人の久々の相性に注目していましたが、思いの外、宮舘くんのテンションが高くて、自分からトークを引っ張る姿勢を見せてくれたのは番組の経験が活きていたからだと思います」（同番組スタッフ）

フリートークではSnow Man初めてのドームツアー『Snow Man 1st DOME tour 2023 i DO ME』にまつわる、開催前（オンエア時）ギリギリ明かせるネタバレに触れつつ、宮舘は目黒のプライベートに迫っていく展開に。

実はスタジオには宮舘のほうが少し早く入ったのだが、入るなり――

『今日の俺は目黒蓮のプライベートを丸裸にしてやる！』

――と意気込んでいたそうだ。

番組では、目黒がよく公園に行くと聞けば、宮舘はこんなリアクション――

『なんで目黒蓮、公園にいるんだよ！』

料理の材料を買いにスーパーに行くと聞けば――

『ちょっと待って！
スーパー行く、目黒蓮が？』

――と驚く。

「リスナーも宮舘くんと同じように〝驚く派〟と、逆に宮舘くんのリアクションに〝そりゃ行くだろ！〟とツッコむ派に分かれるので、パーソナリティとしての成長を感じさせてくれました」（同前）

『そう？ それが本当なら嬉しいけど。
めめとはさ、俺自身が積極的に話しかけるタイプじゃないから、
こういう〝番組〟っていうフィルターを通せると嬉しい。
それとめめの行く公園とスーパーは、俺も常連になりたいから教えてもらった。
でも常連になるのは難しそうではあるけど……（←遠いのね）』

さらに宮舘は――

『もう終わって半年も経つし、隅々まで語り尽くしたとは思うんだけど、どうしても聞きたかった。ファンだったから』

――というドラマ『silent』のエピソードや、不思議な世界観の主演映画『わたしの幸せな結婚』などについても触れ、リスナーには「単なるめめファン?」の印象を与えたとか。

ちなみに宮舘涼太と目黒蓮といえば、2人ともKAT-TUN・亀梨和也をリスペクトしていることでも知られているが――

『普段のめめとは亀梨くんの話題ぐらいしか共通点がないけど、ラジオきっかけでじっくりとお互いに探り探り話していくと、結構興味深い男だった』

――と明かす宮舘涼太。

『同じグループの人間、それもJr.時代の〝大後輩〟(?)にこんなことを言うのもなんだけど、
やっぱめめとラウールってオーラが違うというか、

〝売れる人ってああいう人〟なんだよな。

でも悔しいとかジェラシーとか全然なくて、
Snow Manとして売れるためには絶対に欠かせないピースだった。

抜擢した滝沢くんは本当にスゴい。

康二?……うん、これからも体張って、

(ドッキリGPでの)菊池風磨くんのような……

〝全裸になれるジャニーズ〟路線をお任せしたい』

ラジオでの共演きっかけに目黒蓮との距離が少しだけ(?)縮まった宮舘涼太。

これからもメンバー同士で力を合わせ、Snow Manをより高みへと導いていって欲しい。

ところで最後の〝向井康二の全裸になれるジャニーズ路線〟についていえば、誰もが「非常に高い確率で到達する」と予測してるかも。

理不尽な先輩への〝舘様のガチ切れ〟

芸能界で〝体育会系の集団〟といえば、言わずと知れたLDHグループとジャニーズ事務所。
しかし近年は「ジャニーズJr.は入所順の縦社会ではあるけれど、SMAPやTOKIO、トニセン世代までが体験した理不尽な縦社会の洗礼などは、今のJr.はほとんど知らない。上下関係もかなり緩やかになっている」とも言われている。

「あの中居正広くんが今でも男闘呼組の前に出たら緊張して手汗が出まくるというのも、昔の関係を引きずっているからです。男闘呼組は今年、グループ結成35周年、大まかにいって今の40才以下の視聴者は、ほとんどの方が男闘呼組のバンドアイドル時代の全盛期を知りません」（ベテラン放送作家）

逆に40才以下の視聴者でもほとんどが知る元SMAPのリーダーであり、何かと話題になるお笑い界の頂点・松本人志と公私ともに密な交流があるほどのテレビ界の大物が、40才以下の視聴者にすれば〝知らないオジさんたち〟レベルの男闘呼組の前では縮こまってしまう。そこにジャニーズ事務所が〝体育会系の体質〟だった名残りを感じる。

「中居くんたちの世代にすれば、今だからこそ当時のことを〝古き良き時代だった〟と笑って振り返れるでしょうが、現代のコンプライアンスならば一発アウトの上下関係もあったはず（苦笑）」

（同ベテラン放送作家）

そんな時代の〝目撃者〟も、中居がよく『後輩はKinKi Kidsまでしかバックについていないからわからない』と言う直系のKinKi Kidsまでか。

ちなみにKinKi Kidsの次のデビュー組である嵐は、彼らがCDデビューして歌番組で共演するまで、中居は『ほぼ絡みもなかったし、最初は存在も知らなかった』そうだ。

まあ、嵐はデビューするために結成されたグループだから、中居が〝そんなJr.知らない〟とリアクションしたのは当たり前といえば当たり前かもしれない。

さて話が少しそれたが、今のジャニーズ事務所には昭和末期から平成にかけての〝厳しい体育会系ルール〟が存在しないに等しいのは事実。それでもかつての厳しさやアツさを復活させ、ピリッと体育会系の規律を復活させようとするメンバーがいるらしい。

その代表がSnow Manのリーダー・岩本照だが、逆に宮舘涼太は、かつて自分が受けた理不尽な仕打ちに――

『ちゃんとガチ切れしたら、今の先輩たちはビビって二度と絡んでこないよ』

――と、後輩に対処法を伝授しているようだ。

今年4月の『滝沢歌舞伎ZERO FINAL』（新橋演舞場）の舞台裏、岩本照は例年にも増してバックのジャニーズJr.たちに厳しい指導を施していたという。

「プロデューサーの滝沢くんがジャニーズを離れ、彼の目が光らなくなった途端、ジャニーズJr.たちは気を抜くようになった。それを感じた岩本くんが、後輩たちに対して『今、ここにタッキーがいてもそういう感じでやるの?』――と注意をしたり、また今回の4大ドームツアーや過去の全国ツアーの地方公演では、ダラけているJr.に対し、あえて全員の前で『俺が電車代出すから今すぐ東京に帰れ!』――と激怒することもしばしば」（同前）

『俺は理不尽に怒鳴り散らしているわけじゃなく、
ダラダラやっている姿をお客さんに見せるなんて失礼すぎるし、
気を抜いて自分が怪我をするのは自己責任だけど、
もしまわりを巻き込んだら責任取れるのか？
怒られたことを今理解できなくても、将来は必ず理解できる』〈岩本照〉

そんな岩本に対し、大前提として——

『照は理不尽に先輩風を吹かせているわけじゃない。
むしろＳｎｏｗ Ｍａｎを代表して汚れ役を引き受けてくれている。
俺たちは感謝しなきゃいけない』

——と言いつつも、かつて理不尽な先輩にガチ切れした過去を明かす宮舘涼太。

『その先輩もめちゃくちゃ理不尽な怒り方をしていたわけじゃないんだけど、
とにかくネチネチとしつこいの。
何度も同じことしか言わないし、
かといって照みたいに「電車代出すから帰れ」とか、
豪快なことも言えない（苦笑）。
だからつい我慢の限界を超えた瞬間、
「お前がやってみろよ！」――と、ガチ切れしてしまった。
先輩は何秒間かフリーズしてたけど、
「ご、ごめんね」と謝られて、二度と何も言わなくなった。
だから今のJr.も、先輩の理不尽な説教にはキレてもいいと思う。
……あっ、照の説教は正しいからキレちゃダメだよ（笑）』

テレビで見る舘様からは、そんな激しい素顔は想像できないけど、理不尽な説教にキレてみるのも、
体育会系ならでは（？）の方法かもしれない。

MC川島も止められない暴走(?)『舘様クッキング』

「佐久間大介くんや向井康二くんがバラエティ番組でKY気味に暴走するって、あくまでも〝キャラ〟。でも宮舘くんの場合、キャラではなく〝素〟。これまでは笑ってツッコんでくれていた（麒麟）川島さんですけど、〝そろそろ面倒臭い〟的なニュアンスの発言も……」（人気放送作家）

宮舘涼太が佐久間大介と隔週交替で出演中のTBS系『ラヴィット！』。

宮舘と『ラヴィット！』といえば、自由気ままに料理を作る〝舘様クッキング〟。

番組に出演する直前にはいつもＩｎｓｔａｇｒａｍストーリーに告知を残す宮舘だが、ドームツアー中の6月20日に出演した際には、自身のうちわとペンライトを持った写真を投稿した。もちろん絶賛開催中のＳｎｏｗ Ｍａｎ『Ｓｎｏｗ Ｍａｎ 1ｓｔ ＤＯＭＥ ｔｏｕｒ 2023 ｉ ＤＯ ＭＥ』のグッズだが、自身のうちわとペンライトを持ちながら『ラヴィット！ 今日も元気にスタート』とストーリーにコメント。さらに番組オープニングから〝舘様クッキング〟への流れでは、オススメの〝ありのままのもの〟として、ありのままの季節もの〝新玉ねぎのスープ〟を舘様クッキングすることに。

「宮舘くんは食材のありのままの美味しさを生かした〝新玉ねぎのオニオンスープ〟を紹介。加えて

『最近よく作っていて、特に新玉ねぎの時期なので本当に甘くてとってもトロトロでさらにおいしくなる』——と、その日の舘様クッキングのメニューを紹介してくれました」(同人気放送作家)

ここでいつものように〝舘様クッキング〟の準備のためにスタジオの裏へ回る宮舘だったが、司会の麒麟・川島は一連のお決まりの流れを承知しているのに、なぜか『料理するだけだから。早くしてもらっていいですか⁉』と発し、明らかにイライラした様子。

「最初、それもツッコミのパターンの一つかと思ったのですが、結構マジなトーンでイラついている。

その理由は次の瞬間わかりましたけど(苦笑)」(同前)

スタジオの照明が暗くなると、宮舘がコンサートで客席を回るときに使うトロッコに乗って登場。

トロッコの正面には「宮舘」、側面には「Ｓｎｏｗ Ｍａｎ」と書かれ、もちろんコンサート本番で使うトロッコではないが、電飾されたトロッコを番組スタッフがしゃがみながら押し歩くと、川島は『低い、トロッコが低い。低すぎるよ。高さ20センチくらいしかないでしょ!』とツッコむものの、ゆっくりとスタジオを一周しながらラヴィットメンバーに手を振りながらファンサする宮舘に、川島は明らかに『(早よせぇや!)』の顔つき。さらにカメラに手を振ると黄色い歓声が上がる演出にも、『スタジオおじさんしかいないですよ。誰の声?』とツッコミを入れていた。

「川島さんは東京進出を果たす前の若手時代、吉本の〝BASEよしもと〟という劇場に出演していたときには、笑い飯、千鳥とともに〝劇場番長〟を自認し、舞台でスベった若手芸人を締め上げる〝恐怖の先輩〟だったとみんな証言しています。もちろん宮舘くんを締め上げるなんてことはないでしょうが、小言やカミナリ程度は落ちても不思議じゃありませんよ（苦笑）」（同前）

また『宮舘ウィスパータイム』という新企画も生まれ、わざわざ宮舘の隣に音響設備をセッティングし、クッキング中の宮舘に『鍋、差し替えます』と途中経過をしゃべらせ、そこにエコーをかけて遊ぶ企画（……というほどでもないけど）もスタート。

あまりにもあっさりとした『ウィスパータイム』だっただけに、ここは川島も『もう一回いきましょうよ』とアシスト。

最後には――

『緊張で口がぱっさぱさです』

――と明かした舘様に、番組中からSNSは盛り上がり。

「トロッコ低すぎｗｗｗ」

「舘様クッキングのためにトロッコ作ってもらってんのウケる」

「回を重ねるごとに明らかに金がかかってきている舘様クッキング」

——と大盛り上がりで、「舘様クッキング」「トロッコ」「ウィスパータイム」などの関連ワードが続々とＴｗｉｔｔｅｒのトレンド入りをしていた。

調理よりも演出がメインになりつつある『舘様クッキング』。

「でもあまり調子に乗りすぎると、いつか川島さんの怒りが……。というか〝舘様クッキング〟で喜んで遊んでいるのは、間違いなく番組スタッフですけどね（苦笑）」（同前）

ＭＣ川島も暴走（？）を止められない『舘様クッキング』。

ここまで来たら〝舘様〟の魅力全開で、行きつくところまで行っちゃって！

宮舘涼太フレーズ

『よく〝マイペース〟って言葉があるけど、
俺はマイペースって、
「まわりに合わせて頑張りすぎないこと」だと思っていて、
そんな自分を受け入れる、焦らないことだと思うんだ。
メンバーはそんな俺を理解してくれているけど、
知らない人が見れば〝物足りない〟って感じるかもね（苦笑）』

舘様オリジナルのポリシーは、今や〝生きざま〟といっても過言ではないほど確固たる信念が土台にある。〝マイペース＝ダテペース〟もまさにそれを象徴しているのでは。

『空の天気をいきなり雨にしたり晴れにしたりはできないけど、
自分の心の中の天気を雨にするのも晴れにするのも自分次第』

このフレーズもまた、宮舘涼太の感性だからこそ生まれるフレーズ。これほど美しいフレーズはなかなかないのでは。

『俺が寝て起きて明日の朝になっても、
自分の環境が劇的に変わっていることなんてほとんどない。
だからといって、変わらないからといって、
大半の夢を諦めることはできない』

努力も苦労も何もせず、ただ時間がすぎれば解決する
ことなど、宮舘涼太の人生には存在しないのだ。

9th Chapter

佐久間大介

Daisuke Sakuma

Snowholic

〝世界一静かな佐久間大介〟の意外な一面

『俺はまあSnow Manのドラマ班ではあるけれど、映画の現場が本当に好きなんだよね。
ドラマってある意味、自分のまわりにいそうなタイプというか、
ある程度〝モデル〟が頭の中に浮かぶけど、
映画ってぶっ飛んだ役もあるから、
俺でいうと『おそ松さん』の十四松も、今回の『マッチング』で演じた永山吐夢とか、
実際にまわりにいたら対処に困る。
十四松は笑えるけど、吐夢は完全にアウトだからね。
『OUT×DELUXE』にも出られないぐらい、法的にアウト(笑)』〈佐久間大介〉

2024年に公開される〝マッチングアプリ〟をテーマにした映画『マッチング』で、ついに実写映画単独初出演を果たした佐久間大介。

マッチングアプリを通じて他人と気軽に出会えるようになった現代だからこそ起こる、身近に潜む恐怖を描く作品。二転三転する予測不可能なストーリー展開になっていて、いわゆるジェットコースタームービーと呼ばれる、緩急の効いたスリルとサスペンスを味わえる。

監督・脚本は、先輩の草彅剛が主演を務めた『ミッドナイトスワン』でも監督と脚本を務め、第44回日本アカデミー賞で最優秀作品賞、優秀監督賞、優秀脚本賞を受賞した内田英治監督。内田監督は『ミッドナイトスワン』以外にも、あのNetflix オリジナルドラマ『全裸監督』を世に送り出してきたチャレンジスピリット溢れる監督だ。

『正直、『ミッドナイトスワン』と『全裸監督』の監督さんが作る作品って、見てみたいけど「出るのは怖い」が素直な印象じゃないですか。
でも内田監督に「いつかスリラーに挑戦したかったんです!」と子供のような笑顔で言われて、「これは出ないと絶対に後悔する!」——って直感したんだよね』

——内田監督についてそう語る佐久間大介。

映画『マッチング』が持つ〝日常の恐怖〟は、どちらかといえば韓国映画でもリメイクされた『スマホを落としただけなのに』に近い。

主人公はウェディングプランナーとして仕事が充実している一方、自身のプライベートでは恋愛に奥手な輪花（りんか）。同僚から新しい出会いを薦められてマッチングアプリに登録すると、すぐにある男性とマッチングが成立し、やり取りが始まる。新たな出会いに期待をして初デートに向かう輪花だったが、そこに現れたのはプロフィールとはまったくの別人（吐夢）。見た目は平凡だけど、どこか異様な雰囲気に違和感を感じる輪花。時を同じくして、アプリ婚をした利用者を狙った連続殺人事件が発生。出会った男が捜査線上に浮上するが、事件は意外な方向へと発展。そしてついに魔の手は輪花にも迫るのだった――というあらすじのサスペンススリラーだ。

そして改めて説明する必要もないだろうが、土屋太鳳演じる主人公・輪花（りんか）とアプリでマッチングする〝狂気のストーカー〟永山吐夢（とむ）を演じるのが佐久間大介だ。

『何がスゴいって土屋太鳳さん、
もうぶっちゃけ撮影は終わっていたんだけど、
今年の元日にGENERATIONS from EXILE TRIBEの片寄涼太くんとの結婚、
それに第1子の妊娠を発表したこと。
もちろん全然知らなかったけど、
なんだか歌番組で片寄くんと会うたびに、なんとなく気まずい。
映画で演じた役のせいだけど（苦笑）』

――そう言って苦笑いの佐久間大介。

『最初にお話をいただいたときは、やっぱり自分とは真逆のキャラクターの役が来て、
頭の中では〝チャンス〟だと理解していても、結構、心の中は苦しかった』

――正直に明かす佐久間だけど、そりゃあ〝狂気のストーカー〟役だもん。

『芝居とはいえ、「どこまでの表現をするのか」「吐夢にとって何が原動力なのか」自分なりに考えて、内田監督とかなり話し合いを重ねました。

でもそうして役と向き合う時間をたくさん持ったからこその吐夢ができ上がったし、最終的には俺にしかできなかったんじゃないかと思うくらい、自信が持てる永山吐夢ができ上がりました。

嬉しかったし、役柄が役柄だけにあまり大っぴらには言えないけど、吐夢は〝愛してあげたいキャラクター〟になっていると思います。

現実の生活に近い怖さとか、「人ってこんな繋がりがあるんだな」とか、根底にはそんなテーマが流れているので、人を信じるとか、好きになるとか、そういうことも考えられるし、この映画を見て改めていろいろ思うことがあるとも思うので、そういった部分を楽しんでもらえたら嬉しい』

――自分が演じた役柄と映画について語った佐久間大介。

『あと普段は見られない〝世界一静かな佐久間大介〟が見られるので、
自分のことを知ってくださっている方は、
「こういう芝居やしゃべり方もできるんだ⁉」
——と、意外で新鮮な驚きも楽しんでいただきたいですね』

今回の映画で〝新たな一面〟を演じてみせた佐久間大介。
これからもSnow Man〝ドラマ班〟の一員として、さらに成長した〝役者・佐久間大介〟を見せてくれることだろう。

将来の夢は〝保護猫カフェ〟

『絶対に勢いやノリで迎え入れちゃいけないし、
そういう人は保護猫のプロの皆さんが見たらひと目でわかるから、
確実に譲渡審査に落ちるらしいよ。
まあ、俺は受かったけどね!』

佐久間大介が2匹の保護猫とともに暮らしていることはSnow Manファンにはお馴染みだろうけど、いよいよそれが全国ネットの人気バラエティで明かされると、全国の猫好き視聴者から応援の声が届きまくっているらしい。

「積極的に保護猫の面倒を見ているアイドルの話はあまり聞いたことがありません。芸能界でもサンシャイン池崎やしょこたんぐらいでしょう」(人気放送作家)

現在、保護猫との生活や保護猫を人間に慣らすために一定期間預かる活動をYouTubeチャンネルで発信しているサンシャイン池崎。

「もともとは相葉雅紀くんが志村けんさんから受け継いだ『みんなの動物園』(日本テレビ系)で保護猫活動を始め、現在は番組公式チャンネルと、2匹の飼い猫(元保護猫)との生活を描く『ふうちゃんらいちゃんねる』、合わせて70万人を優に超える登録者数を誇り、他にもTwitterやフォトブックの発刊など、芸能界の〝保護猫キング〟の座をしっかりと掴んでますね」(同人気放送作家)

そんな池崎の活動に感化され――

『〝飼うなら絶対に保護猫がいい、保護猫にしたい!〟――っていう価値観が生まれた』

――と、声を大にして日本テレビ系『しゃべくり007』で明かした佐久間大介。

この回には「猫ちゃん大好き愛好会」の一員として中川家・剛、かまいたち・山内健司、サンシャイン池崎とともに出演。番組のサブタイトル(企画タイトル)でもあった『本気の猫愛語らせてくださいSP』で、2匹の飼い猫(元保護猫)のフリップを見せながら、デレデレの顔で『めちゃめちゃかわいいでしょ!』とご機嫌の様子だった。

『保護団体の方に「ちゃんと保護猫と生活できるかどうか、生活していけるかどうか、時間をかけてシミュレーションしてください」って、最初に言われたんです。

単に〝可愛いから飼う!〟じゃ、保護猫の命は預けられない……と。

だから飼い始めるまでの1年間、
頭の中でイマジナリーキャットを飼って妄想シミュレーションしてみたんですけど、

(MCの)上田さんには〝イマジナリーキャット〟の意味が通じなくてヒヤヒヤした(苦笑)』

スタジオのパネラー陣に「ネコのどこが好き?」と尋ねられると、オンエアギリギリの変態性(褒め言葉)を発揮し――


『〝匂い〟が好き!

匂っているとめっちゃ幸せな気持ちになる。

特に肉球は焼き立てのパンの匂いがする』

――と、メロメロ&デレデレの極致を披露した佐久間。

挙げ句の果てには部屋着で愛猫の匂いを何度も嗅ぎ、そのたびに至福の表情を浮かべる佐久間の様子がVTRで登場。かつてアニメの推しに向けていた愛情が、すっかりネコに移ってしまったようだ。

『あちら(アニメ)はあちら、こちら(ネコ)はこちらなんですけど、
今ウチの子たちに伝えたいのは——
「ウチに来てくれて本当にありがとう。
出会いは運命と必然だったね」
——ってこと。
それとウチの子たちがお腹を空かせて待ってると思ったら、
仕事終わったらダッシュで帰るし寄り道なんかしたくない。
俺の生活習慣まで変えてくれて感謝してる』

——と、真顔で語る。

『これは本当に夢のまた夢なんですけど、
何年かして事務所と話して、
営利目的じゃない、ちゃんとした〝保護猫カフェ〟を運営してみたいんだ。
（サンシャイン）池崎さんのおかげで保護猫もだいぶ布教活動が広まったけど、
まだまだ気軽にマッチングできる場所やチャンスが十分あるとはいえない。
だから池崎さんと一緒に、
あと保護猫に理解がある芸能人にも手伝ってもらって、
将来は保護猫活動にも関われれば嬉しいかな。
そのためにはもっともっと、ＳｎｏｗＭａｎで頑張らなきゃいけないけどね！』

将来の夢を語った佐久間大介。
そんなに素敵な夢、絶対に叶えて欲しい!!

メンバーの固い絆を感じた佐久間大介のアピール

『ふっかは『ノンストップ!』の隔週レギュラーになって1年だけど、
俺と舘様は『ラヴィット!』に出始めて今年の秋で2年になるからね。

ワイドショー経験は俺たちのほうが先輩。

でもなぜか俺と舘様が『ラヴィット!』の隔週レギュラーになったの、正式には今年の4月。

それまでの1年半、〝お試し期間〟だったのかな?

長ぇよ!!』〈佐久間大介〉

宮舘涼太と正真正銘Snow Manメンバー同士で隔週レギュラーを務める佐久間大介。視聴者のほとんどが「今までの出演、何だったの!?」と疑問に感じる隔週レギュラー昇格の『ラヴィット!』だが、一部SNSではSnow Manの〝道のり〟に当てはめ、「今年の3月までは『ラヴィット!』Jr.で、4月からはデビュー組に入ったような感じ?」と解説するアカウントが現れるほど。

『TBSさんの朝って、日本テレビさんやフジテレビさん、テレビ朝日さんと違って、芸能ネタや時事ネタを基本的には扱わない。

番組のキャッチフレーズが「日本でいちばん明るい朝番組」で、コンセプトが〝日々の買い物や食事、住まい、お出かけ情報など、暮らしが10倍楽しくなるきっかけを届けるライフスタイルバラエティ〟だから、正直にいって出るほうは気が楽だし、明るくて邪魔にならないことならNGないんだよね』

――番組事情をそう話す佐久間大介。

芸能ネタを扱うワイドショーに芸能人が出演することは、本人たちにとってはかなり気まずい。

番組パーソナリティ、レギュラーとして出演している以上、芸能人が芸能人を批判しなければ〝役割をこなせない、仕事を放棄した〟ことにもなるからだ。

「TBSはこの『ラヴィット!』から『はなまるマーケット』路線に回帰。もしワイドショーのままだったら、今のように自由で明るい佐久間くんは見られなかったかもしれません。なにせ番組キャッチフレーズが〝日本でいちばん明るい朝番組〟ですからね」（民放ワイドショー関係者）

先ほど佐久間大介が『明るくて邪魔にならないことならNGないんだよね』と話していたが、その象徴的なシーンが最近放送された。

そう、6月27日の放送でラウールのバースデイを思いっきり祝福したシーンだ。

「いくら当日がラウールくん20才の誕生日でも、ゲストとして呼び込むのならともかく、もちろん本人不在なのに番組が始まる直前にグループのInstagramストーリーで、ラウールのうちわとラウールカラーにしたペンライトを持って、『**『ラヴィット!』見てね! ラウール誕生日おめでとう**』と告知。そして番組が始まると、ラウールのうちわを持参した状態でスタンバイ。MCの川島さんに『何でずっとラウールのうちわ持っているんですか?』と聞かれ、『**今日ラウール20歳の誕生日なんで、嬉しくてずっと持っちゃいました**』――とアピールしました。火曜メンバーからも祝福の声が上がりましたが、一歩間違えれば一般視聴者から〝調子に乗るな!〟とクレームも入った可能性もありますからね（苦笑）」（同民放ワイドショー関係者）

それが許されるのも〝日本でいちばん明るい朝番組〟の番組コンセプトのおかげだろう。

「ファンの皆さんは〝メンバー間の絆を感じた〟と大歓迎だったようですが、一般視聴者からすると〝?〟となりかねません。こういった行動が次のキャスティング会議で〝佐久間は度がすぎる〟……なんていう意見に繋がる可能性もありますが、佐久間くんのあのキャラクターなら大丈夫」（同前）

15歳でSnow Manに加入したラウールの成長を見守ってきたお兄さんメンバーたちにしてみれば、〝20歳〟を迎えるこの日がどんなに待ち遠しかったことか。

「佐久間くんは本当に嬉しかったのでしょう。その喜びを隠すことなく番組でも思いっきり表したのです」（人気放送作家）

佐久間大介の行動からもわかる〝ラウールとSnow Manメンバー〟を結ぶ固い絆。

『明るくて邪魔にならないことならNGないんだよね』

これからも佐久間大介には〝日本でいちばん明るい朝番組〟を思いっきり明るく盛り上げて欲しい。

佐久間大介フレーズ

『たぶん性格的な部分が大きいけど、
俺はメンバーに限らず周囲の人には〝無償〟っていうか、
見返りみたいなものを求めたくないだけなんだよね。
それを「サービス精神旺盛」って評価されるのは、
俺の中では不思議といえば不思議(笑)』

人間関係やつき合いにおいて、「ギブアンドテイクみたいな考え方は好きじゃない」という佐久間大介。そういえば〝ヲタク〟の世界においても、互いに〝見返りを求めない〟関係こそが〝清い〟とも聞く。

『こう見えて〝何が起こっても動じない〟選手権なら1位を獲れると思うよ。でも必要以上にしゃべっちゃうから、メンバーにはお見通しというか、「動じてんじゃん!」──ってツッコまれるけど(苦笑)』

どんな舞台に出ても〝余裕綽々〟だと胸を張る佐久間大介だが、メンバーに言わせると〝しゃべりすぎる〟〝口数が多い〟ときほど本当は余裕がないサイン。

『〝後悔しないように生きる〟なんて、口にするのは誰にだってできる。
でも〝今日が人生最後の日かも?〟なんて追い込まれて生きるのは、
そう簡単にはできない。
だから俺は、そんな覚悟を持てる人間になりたい。
ポジティブな意味でね』

佐久間大介は常々「やり残したことがないように生きる」ことを目標にしていると明かす。究極のポジティブ思考の固まりだ。

エピローグ

目黒蓮が連続ドラマ単独初主演を務める7月クールのTBS系金曜ドラマが『トリリオンゲーム』。

ここでは制作者サイド、つまり目黒蓮を起用したスタッフサイドの声を中心にお届けしよう。

「〝いつまで『silent』の話をするんだ?〟って怒られそうですけど、我々にとっては『silent』の大成功こそ、自分たちの手柄のように嬉しいですね」

――と話すのは、TBS系『トリリオンゲーム』の現場スタッフ氏。

「目黒くんの出演は昨年の夏場には決まっていたけど、まだここまで注目される役者に成長するとは想像どころか妄想もしていませんでした。しかも個人的には同じSnow Manのメンバーならば〝向井康二くんのほうが面白い芝居をするんじゃないか?〟と想像していたので、この作品の松本プロデューサーにも〝次は向井くんをキャスティングしたほうがキミの評価に繋がる〟だなんて、偉そうに話していたんですよ(苦笑)」(『トリリオンゲーム』現場スタッフ)

ところが昨年の秋、『silent』が始まると同時に〝役者・目黒蓮〟の評価は天井知らずの爆上がり。

さらに『silent』と同時期の2022年12月2日に公開された映画『月の満ち欠け』や今年の3月17日に公開された『わたしの幸せな結婚』で表現者としての幅を広げ、さらには『silent』でブームの主役に躍り出ると、連続テレビ小説『舞いあがれ!』後半パートのキーマンとして第36話から最終話まで出演。

まさに今回、満を持しての連ドラ単独初主演が、この『トリリオンゲーム』になったわけだ。

「これは松本明子プロデューサーが、いかに〝持っている〟かの証明。主題歌もSnow Manの『Dangerholic』だし、〝ミリオンセールス〟とかいっちゃうんじゃない?」(同現場スタッフ)

本編でも触れているが、原作はマンガ大賞2022のノミネート作品にも選ばれた人気作品で、ビッグコミックスペリオール誌で好評連載中の同名漫画。〝世界一のワガママ男〟ハルと、〝気弱なパソコンオタク〟ガクという正反対の2人がゼロから起業し、ハッタリと予測不能な作戦で1兆ドル(トリリオンダラー)を稼ぎ、この世のすべてを手に入れようと成り上がる前代未聞のノンストップ・エンターテインメント。

また主題歌に決定したSnow Manの新曲『Dangerholic』は、本作の主題歌となるために書き下ろされ楽曲。スリルや逆境さえも楽しみながら、人生というゲームを進めていくハルとガクの生きざまを描いている。

『『トリリオンゲーム』の主題歌『Dangerholic』は、
曲の始まりから〝これから何が始まるんだ？〟という期待が高まる楽曲。
ドラマの内容とSnow Manの表現がマッチしていて、
とにかく楽しい楽曲になっていますね。
きっと皆さんのもとに〝新しいSnow Man〟をお届けできる自信作。
自分の主演ドラマの主題歌だなんて、めっちゃ幸せすぎる』〈目黒蓮〉

『ワガママでちょっとワルくて、最高にカッコいい曲を書き下ろしていただきました。

この曲を初めて聞いた瞬間、頭の中にハルとガクの生き生きとした姿が見えました。

「おまえならやれるぞ！」と背中を思いっきり叩いて、元気をくれる曲になっています。

Snow Manに歌っていただくこの主題歌とともに、
最高の『トリリオンゲーム』をお届けしたいと思います。

皆さんもこのShowtimeを一緒に楽しみましょう』〈松本明子プロデューサー〉

連続ドラマ単独初主演『トリリオンゲーム』で、また一歩ステージアップする目黒蓮。

そして主題歌『Dangerholic』で〝新たな進化〟を見せるSnow Manから、ますます目が離せない!

Snow Man
俺たちの世界へ!
Snowholic

〔著者プロフィール〕
池松 紳一郎（いけまつ・しんいちろう）

大学卒業後、テレビ番組情報誌の記者として活躍。後年フリーライターとなり、記者時代の人脈を活かして芸能界、テレビ界に食い込んで情報を収集、発信している。本書では、彼の持つネットワークを通して、Snow Manと親交のある現場スタッフを中心に取材。メンバーが語った言葉と、周辺側近スタッフが明かすエピソードから、彼らの"素顔"を紹介している。
主な著書に『Snow Man ―俺たちの今、未来―』『Snow Man ―9人のキズナ―』『9ビート Snow Man ―俺たちのbeat―』『SixTONES―未来への音色―』(太陽出版)がある。

Snow Man ―俺たちの世界へ！―

2023年8月1日　第1刷発行

著　者…………… 池松紳一郎
発行者…………… 籠宮啓輔
発行所…………… 太陽出版
〒113-0033 東京都文京区本郷3-43-8-101
電話03-3814-0471／FAX03-3814-2366
http://www.taiyoshuppan.net/

デザイン・装丁 … 宮島和幸（KM-Factory）
印刷・製本……… 株式会社シナノパブリッシングプレス

ISBN978-4-86723-142-5